Umschlagbild:
Lars Ravn: Vögel über Labyrinthen in aller Welt, 1996-1997, 187 x 650 cm. Glasfensterfront am Flughafen in Karup (DK).

Labyrinthwege aus aller Welt erinnern an die vielerlei Wege der Menschen aus verschiedenen Nationen und Kulturen. Doch stehen alle Menschen vor derselben Herausforderung: niemand überschaut seinen Lebensweg. Vögel (und auch Flugzeuge) überwinden die Grenzen und fliegen von einem zum anderen. Auch die Farbenvielfalt, die ein in sich stimmiges, buntes Kunstwerk erzeugt, zeigt, dass sich die Menschheit als Einheit in Vielfalt begreifen soll. In allen diesen Aussagen steht das Kunstwerk von Lars Ravn Comenius sehr nahe.

Religion & Kultur Verlag

Der Mensch stirbt, die Ideen sterben nicht.

Miloš V. Kratochvíl (1904-1988),

Erforscher von Leben und Werk des Comenius

Comenius

—

im Labyrinth seiner Welt

von

Dieter Fauth

Zell am Main / Würzburg
Religion & Kultur-Verlag
2009

Die Deutsche Bibliothek – CIP-Einheitsaufnahme

Dieter Fauth: Comenius – im Labyrinth seiner Welt, Zell am Main / Würzburg: Religion & Kultur-Verl., 2009

Die Deutsche Bibliothek verzeichnet diese Publikation in der Deutschen Nationalbibliografie; detaillierte bibliografische Daten sind im Internet abrufbar über http://dnb.ddb.de

ISBN 978-3-933891-21-1

Umschlaggestaltung: Holger Hunger

Religion & Kultur Verlag
Betzengraben 5, D – 97299 Zell am Main
www.verlag-religionundkultur.de
post@verlag-religionundkultur.de

ISBN 978-3-933891-21-1

Inhaltsverzeichnis

VEREINIGTE NIEDERLANDE
Leiden
(1642)
Amsterdam
(1613-1614,
1656-1670)
Naarden
(beerdigt
1670)
HOLSTEIN
ENGLAND
Den Haag
(1626)
London
(1641/42)
Breda
(6/1667)
SPANISCH NIEDERLANDE
Herborn
(1611-1613)
NASSAU
Heidelberg
(1613)
KUR
PFALZ
BADEN
WÜRTTEM
BERG
BAY-
ERN
SCHWEIZ
TIROL
HZM
MAILAND
REPUBLIK
VENEDIG

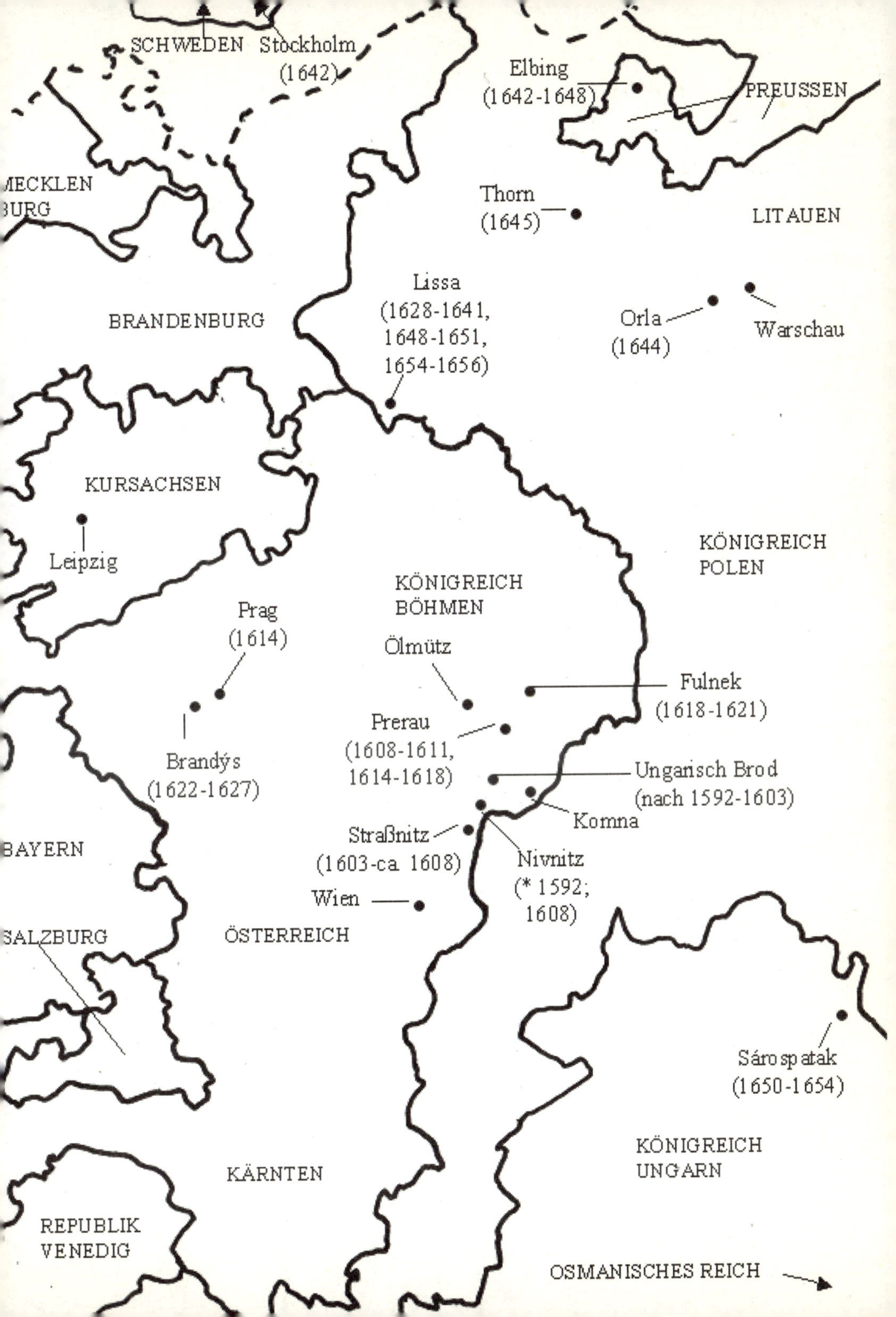

SCHWEDEN
Stockholm (1642)
Elbing (1642-1648)
PREUSSEN
MECKLENBURG
Thorn (1645)
LITAUEN
Lissa (1628-1641, 1648-1651, 1654-1656)
BRANDENBURG
Orla (1644)
Warschau
KURSACHSEN
Leipzig
KÖNIGREICH POLEN
KÖNIGREICH BÖHMEN
Prag (1614)
Ölmütz
Fulnek (1618-1621)
Prerau (1608-1611, 1614-1618)
Brandýs (1622-1627)
Ungarisch Brod (nach 1592-1603)
Komna
Straßnitz (1603-ca. 1608)
BAYERN
Nivnitz (* 1592; 1608)
Wien
SALZBURG
ÖSTERREICH
Sárospatak (1650-1654)
KÖNIGREICH UNGARN
KÄRNTEN
REPUBLIK VENEDIG
OSMANISCHES REICH

Das Labyrinth

Johann Amos Comenius lebte von 1592 bis 1670, also vor etwa 400 Jahren. Er starb im für die damalige Zeit sehr hohen Alter von 78 Jahren. Sein Leben war vor allem von einem geprägt – von Krieg. Er durchlebt nicht nur den dreißigjährigen (!) Krieg von 1618 bis 1648, sondern in brutalster Weise auch Kriegshandlungen davor ab ca. 1608 und danach noch bis 1656. Vor 1608 muss der Sechzehnjährige mit seiner Ziehfamilie – er hat seine Eltern und zwei Schwestern schon als Zehnjähriger wegen der Pest verloren – aus seinem Wohnort Straßnitz in Mähren (heute Tschechien) fliehen, weil ein kriegerischer Aufstand des dortigen evangelischen Adels gegen den immer mehr aufkommenden katholischen Adel aus dem Hause Habsburg das Leben in der Region gefährlich macht. Auf der Flucht zu sein, sollte ab da eine immer wiederkehrende, bittere Lebenserfahrung von Comenius sein. 1656 befindet sich Comenius in der Fremde, man sagt: im Exil, und zwar in dem polnischen Ort Lissa. Da wird das Dorf, in dem Comenius als Priester seine evangelisch-freikirchliche Gemeinde - die Böhmische Brüderunität – leitet, von polnischen Truppen überfallen. Er verliert alles; seine Gemeinde wird zerschlagen. So lebt Comenius 48 Jahre seines Lebens in Kriegszeiten, verliert zwei Ehefrauen, mehrere Kinder und sieht unermessliches Leid.

Oberflächlich betrachtet handelte es sich beim dreißigjährigen Krieg um einen Glaubenskrieg zwischen Evangelischen (Protestanten) und Katholiken. Allzu oft ging es aber um die Herrschaft über Gebiete, um die Verteilung von Macht, zum

Beispiel zwischen dem katholischen Kaiser aus dem Haus der Habsburger und protestantischen Fürsten oder um Reichtümer aus fernen unterworfenen Ländern, sogenannten Kolonien. So kam es nicht selten vor, dass auch zwei protestantische Länder Krieg gegeneinander führten – wie etwa England und die Niederlande noch 1667 um Reichtümer aus Kolonien in der ganzen Welt – oder sich protestantische Länder über die Uneinigkeit anderer protestantischer Länder freuten, so etwa Schweden 1644/45 über den Streit zwischen Protestanten verschiedener Länder über das rechte evangelische Bekenntnis. Die Rolle von Comenius ist es hierbei oft zu schlichten. Schon gar nicht war es aus Sicht der hunderttausenden Soldaten ein Glaubenskrieg, denn sie heuerten an, wo sie die fetteste Beute erhofften, so dass bei den gegeneinander kämpfenden Heeren auf beiden Seiten Protestanten u n d Katholiken zu finden waren.

Obwohl Comenius also fast ein halbes Jahrhundert seines Lebens umgeben von den furchtbarsten Kriegszuständen lebt, führt er ein überaus schöpferisches Leben mit vielen bis heute nützlichen Erkenntnissen, vor allem auf dem Gebiet der Erziehung und Schule sowie der allgemeinen Menschenbesserung. So sind bis heute, obwohl Comenius Tscheche und damit Angehöriger einer am Rande Zentraleuropas liegenden Nation war, in ganz Europa und auch in Deutschland viele Schulen nach ihm benannt. Großartig ist es, wie er in Zeiten höchster Belastungen durch Krieg und der Erfahrung des Todes sein Leben positiv gestaltet. Unter anderem dies, aber auch seine Themen der Bildung und

Vervollkommnung des Menschen, die auch heute noch alle Menschen betreffen, machen ihn so interessant.

Um aber die Umstände seiner Zeit, die Kriegshandlungen, das damalige Denken und die Neuigkeit an den Sichtweisen von Comenius gründlich verstehen zu können, ist zunächst ein Überblick über die europäische Geschichte vom 15. bis zum 17. Jahrhundert hilfreich. Dieser Überblick beginnt also etwa 200 Jahre vor der Geburt des Comenius, in dessen Geburtsland, dem heutigen Tschechien.

Abb. 1: Wenzel Hollar (+ 1677): Portät von Johann Amos Comenius (1592-1670), [London 1641/42], wohl angefertigt als sich Hollar und Comenius in London aufhielten.

Umschrift: „Johann Amos Comenivs Moratvs A[nno] Aetat[is] 50: 1642“. Links, unten: “Exsump[tus] [M[anu] S[criptum]”; rechts unten G Gloucr. fe[cit]; übersetzt: „Johann Amos Comenius, der sich im 50. Lebensjahr befindet, 1642“; links unten: „Entnommen aus einer Handschrift“; rechts unten: „Angefertigt von G. Glouc[e]r“. Dieser Kupferstich wurde zuerst in der englischen Ausgabe der Schrift von Comenius: A Reformation of Schooles, London 1642 gedruckt.

Die Geburt eines neuen Zeitalters

Dieses Kapitel erzählt die Geschichte vom Ende des tausendjährigen Mittelalters und der Geburt eines neuen Zeitalters, der Neuzeit. Auch zeigt es, was dies alles einmal für Comenius bedeuten wird.

Jan Hus als Vorläufer von Comenius

Nach über 1000 Jahren, in denen die altgläubige Kirche das Denken und den Glauben der Menschen zu beherrschen versuchte, war die Bevölkerung in Europa ohne wirklich hilfreiche Betreuung in ihren Lebensnöten. Die Kirche hatte zwar unermesslich Macht und Reichtum angehäuft sowie gewaltig Druck auf die Meinungsbildung der Menschen ausgeübt, aber Lebensorientierung vermochte sie nicht mehr zu geben. Die Kirchenoberen und Hochschultheologen hatten in ihrem Leben keine einzige Seite der Bibel gelesen und zankten sich stattdessen – wenn sie nicht gerade Völlerei betrieben – um irgendwelche religiöse Lehransichten etwa ihres unkritisch verehrten Kirchenlehrers Thomas von Aquin (1225/26-1274), die für die Lebensbewältigung der Menschen völlig nutzlos waren. Das Volk zitterte dagegen in Angst und Schrecken vor dem vermeintlichen Fegefeuer und der Hölle und flüchtete sich in Aberglauben und Wahnvorstellungen.

Da tritt im damaligen Böhmen ein gebildeter Prediger mit Namen Jan Hus (um 1370-1415) auf den Plan. In der Bethlehemskapelle zu Prag kritisiert er auf tschechisch, der Muttersprache der Bevölkerung, und nicht wie in ganz Europa damals üblich auf lateinisch, Reichtum, Habsucht und Lasterleben der kirchlichen Amtsträger.

Abb. 2: Hus predigt in der Bethlehemskapelle zu Prag. Das Original findet sich im Jenaer Hussitenkodex aus der Zeit um 1500.
Das herumliegende Brot symbolisiert die Fruchtbarkeit von Hus' Predigtworten. Lies dazu im Neuen Testament Joh 6,35! Die Zuhörer sind bewusst als einfache Leute gemalt, die nur tschechisch und kein Latein verstehen. Sogar Kinder sind zu sehen!

Stattdessen befürwortet Hus eine Kirche ohne Hierarchien, also ohne in ihrer Bedeutung abgestufte Amtsträger, von denen der Vorgesetzte die Meinung vorgibt – nur mit Christus als Oberhaupt. Die einzige Grundlage für die Meinungsbildung sei die Bibel und das Gewissen des Einzelnen, keinesfalls Vorgaben des Papstes oder von Kirchenversammlungen, sogenannten Konzilien. Damit auch jeder Einzelne mündig sich seine Meinung bilden konnte, übersetzt Hus die gesamte Bibel ins Tschechische und schafft dabei – welch riesige kulturelle Leistung! – aus vielen tschechischen Dialekten eine gemeinsame Hochsprache. Hus ist aber nicht zu einer weltlichen Lehre von der Menschlichkeit, dem Humanismus, umgeschwenkt, sondern tief religiös geblieben. Dies ist an seiner Ansicht erkennbar, dass das Lebensschicksal des Menschen von Gott vorherbestimmt sei und jeder Mensch an seinem Wohlergehen seine Akzeptanz bei Gott ersehen könne.

Bald bilden sich damals Anhänger unter großen Bevölkerungsteilen Böhmens. Maßnahmen der altgläubigen Kirche gegen Hus beantwortet die Bevölkerung, zum Beispiel in Prag, mit Massendemonstrationen. Dieses Ausdrucksmittel eigentlich der heutigen, modernen Demokratie zeigt, wie Hus diese heute beste Form des Zusammenlebens sowie die Meinungs- und Gewissensfreiheit als wichtigsten Baustein der heutigen freien Welt mit vorbereitet.

Papst und altgläubige Könige, zum Beispiel den deutschen König Sigismund – damals bildeten Kirche und Staat eine unheilige Verbindung – kann das Wirken des Prager Predigers nicht kalt lassen. Schließlich wirkt Hus in Böhmen, das damals, im Unterschied freilich zum heutigen Tschechien, Teil der „deutschen Nationen“ war. Das damalige deutsche Kaiserreich war nämlich sehr viel größer als das heutige Deutschland, wenngleich es nur 16 Mio. und nicht wie Deutschland heute mehr als 80 Mio. Einwohner hat. Böhmens Hauptstadt Prag ist damals Kaiserresidenz!

Hus wird von Papst und deutschem König auf ein Kirchenkonzil nach Konstanz am Bodensee eingeladen, wo er seine Ansichten widerrufen soll. Hus kommt und widerruft nicht. Da verbrennen die Mächtigen ihn und seine Bücher 1415 auf einem Scheiterhaufen in der Stadt.

Abb. 3: Hus auf dem Scheiterhaufen in Konstanz 1415; Jenaer Hussitenkodex, um 1500. Umringt von geistlichen (links) und weltlichen (rechts) Anhängern erwartet Hus in ruhiger Haltung den Tod als Märtyrer, also als jemand, der bereit ist, wegen seinem Glauben zu sterben. Wie in Abb. 2 liegt auf dem Boden das „Brot des Lebens“ (Joh 6,35). In Abb. 2 ist Hus ja als Prediger dargestellt. Die bildliche Parallele mit dem Brot zeigt, dass der Flammentod von Hus wie eine Predigt wirkt. Das Bild ist also eine Darstellung der Anhänger und nicht der Gegner von Hus.

Der mutige Mensch hat in Böhmen aber so viele Anhänger gefunden, dass die jetzt entbrennenden Kriege gegen die Hussiten in der ersten Hälfte des 15. Jahrhunderts Böhmen und Mähren, die Region, in der 150 Jahre später Comenius geboren werden und wirken sollte, weitgehend verwüstet werden.

Mit der Verbrennung von Hus hat die altgläubige Kirche damals eine große Chance zu ihrer Erneuerung verpasst. Stattdessen lebt sie in Demenz und Altersschwachsinn, fett und mit Gold behangen, noch mehr als einhundert Jahre, bis sie endlich in der Zeit Martin Luthers entschlafen wird.

Auch die heutige katholische Kirche – nicht zu verwechseln mit der damaligen, deswegen hier „altgläubig“ genannten Kirche – sieht, dass der damalige Umgang mit Hus ein Verbrechen war. Als Nachfolgerin der altgläubigen Kirche trifft die heutige katholische Kirche freilich keine Schuld. Damalige Schuld hat sich vielmehr in heutige Verantwortung verwandelt. Papst Johannes Paul II wird dem ein Stück weit gerecht, wenn er 1999 „tiefes Bedauern ... für den grausamen Tod von Jan Hus“ empfindet.

Und selbst die Deutsche Bahn beteiligt sich an der Wiederanerkennung von Hus, indem sie 2007 den Schnellzug Nürnberg – Prag „Jan Hus“ nennt.

Die Hussiten werden bei den erwähnten blutigen Verfolgungen in der ersten Hälfte des 15. Jahrhunderts aber nicht ausgelöscht. Vielmehr bilden sie 1457 die böhmische Brüderunität, in der gut hundert Jahre später der Vater von Comenius Prediger und eine weitere Generation später Comenius selbst Leiter sein wird. Vor der Zeit des Vaters steht die böhmische Brüdergemeinschaft noch dem altgläubigen Kirchentum nahe und hofft auf eine Erneuerung der Mutterkirche, die ihr Kind doch so brutal verstoßen hat. Doch während der Zeit des Vaters von Comenius wendet sich die böhmische Brüderunität ab 1570 den Protestanten zu. Unter der Leitung von Comenius ist sie im 17. Jahrhundert dann gewissermaßen eine evangelisch-freikirchliche Gemeinschaft. Als solche kleine Nebenkirche wird sie im dreißigjährigen Krieg auf den Schutz der großen protestantischen Länder angewiesen sein, den sich Comenius mühsam wird erdienen müssen.

Eine neue Zeit wird geboren

Die Erneuerung der altgläubigen Kirche nach den Vorstellungen von Hus geschieht noch nicht durch die Hussiten bzw. späteren böhmischen Brüder, sondern durch eine, zunächst ebenfalls ganz unbedeutende Gestalt, durch den unbekannten Mönch Martin Luther (1483-1546).

Hus soll 1415 in Konstanz auf dem Scheiterhaufen in Anspielung auf seinen Namen – das tschechische Wort „hus" heißt „Gans" – zu seinen Mördern gesagt haben: „Heute werdet ihr eine Gans braten, in 100 Jahren wird aber ein Schwan kommen, den werdet ihr nicht mehr braten können." Der Mann muss Nerven gehabt haben! Jedenfalls hat

Luther diesen Ausspruch von Hus auf seine Person bezogen als er 1521 auf dem Reichstag zu Worms vor dem Kaiser seine, Hus entsprechenden, Anschauungen widerrufen soll. Er hat dies, wie Hus damals in Konstanz, verweigert – und wurde tatsächlich nicht umgebracht. Bis heute ist deshalb auf manchem evangelischen Kirchturm, vor allem im Norden Europas – wo gewissermaßen der Nachfolger von Hus, Comenius, verstärkt gewirkt hat – kein Hahn, sondern ein Schwan zu sehen.

Abb. 4: Links das Türmchen auf der alten ev. Kirche der Nordseeinsel Spiekeroog von 1695 und rechts die Spitze des Kirchturms der neuen ev. Kirche auf Spiekeroog von 1961, jeweils mit Schwan. Der Schwan zeigt an, dass es hier ev.-lutherische und ev.-kalvinistische (= ev.-reformierte) Gemeinden nahe beieinander gibt. Comenius hat sich für die Verständigung zwischen den verschiedenen evangelischen Bekenntnissen eingesetzt.

Die altgläubige Kirche hat damals, zur Zeit des jungen Luther um 1517, ihre Liederlichkeit auf die Spitze getrieben. Sie machte den Menschen weis, der Mensch könne vor Gott durch gute Werke Anerkennung finden. Darunter verstand sie zum Beispiel Wallfahrten an heilige Orte, die Verehrung von Übrigbleibseln Heiliger wie deren Haare oder Knochen und das Andächtigsein vor frommen Bildern und Statuen. Noch dazu vertrat die damalige Kirche, sie allein könne diese Anerkennung bei Gott wie einen Kirchenschatz an die Menschen verteilen. Welche Anmaßung der Kirche zu glauben, Lebenschancen vergeben zu können! Luther dagegen meinte, Anerkennung bei Gott werde dem Menschen von Gott geschenkt, wenn nur der Mensch seine Schwächen und Fehler bereue, Gewissensnot zulasse und sich ändern wolle. Allein der Glaube, allein die heilige Schrift und allein Christus schenkten ein erfülltes Leben. Die altgläubige Kirche mache das Erfülltsein im Leben von Äußerlichkeiten abhängig, während es doch auf innere Vorgänge in Seele und Geist des Menschen ankomme. Die altgläubige Kirche warf Luther wiederum vor, er nehme den Menschen alles, woran sie sich halten könnten, zum Beispiel fromme Bilder, und lasse ihnen nur Vages, nicht Sichtbares. Fromme Bilder und Handlungen seien keine „Krücken" und „Ersatzmittel", gewissermaßen Drogen, sondern „Stützen" für die Lebensbewältigung der Menschen.

Das Fass zum Überlaufen bei Luther bringt allerdings das Bestreben der altgläubigen Kirche, Sünden, Schuld und vermeintliche Strafen in Fegefeuer und Hölle gegen Geld erlassen zu können, der sogenannte Ablass. Mit dem Geld wurde der Prunk der Kirchenoberen und der Petersdom in Rom finanziert. Am 31. Oktober 1517 – noch heute ein evangelisch-kirchlicher Feiertag, der sogenannte Reformationstag – tritt Luther mit seiner Kritik in Form von 95 Aussagen, den 95 Thesen, an die Öffentlichkeit. Die neue Sicht, für das Wohl des Menschen alles entscheidend seien mündiger Glaube, Einsicht und Gewissen des Einzelnen, geht in Deutschland um wie ein Lauffeuer. Die kirchlichen Einnahmen schwinden schlagartig. Noch heute künden in deutschen Großstädten, zum Beispiel in Braunschweig, vor 1517 großzügig begonnene und dann bescheiden zu Ende geführte Kirchenbauten, wie grundlegend und wie schnell sich in Deutschland damals ein Wandel im Lebensgefühl der Menschen einstellte. Die Kirchenoberen tobten!

Luthers Wirken hätte keine solche Stoßkraft gehabt, wenn seinem Auftreten nicht eine andere Bewegung vorausgegangen wäre, die ohne Gott und Religion auskam und sich rein auf das Menschliche, lateinisch: das humanum, bezog. Der Humanismus wollte den Menschen durch eine Entwicklung von Körper, Seele, Geist und Gemeinschaftsfähigkeit bilden. Vor allem in Italien und den Niederlanden war diese Bewegung stark und war Grund dafür, dass noch 150 Jahre später Comenius den Herbst seines Lebens in den freigeistigen Niederlanden verbringt, nämlich in Amsterdam von 1656 bis zu seinem Tod 1670. Wie der zur Zeit Luthers größte Humanist Europas, Erasmus von Rotterdam (1469-1536), setzte dann auch Luther auf die seelisch-geistigen Kräfte im Menschen – Vernunft, Erkenntnis, Einsicht, Wille, Gewissen, Reue – und beide Bewegungen – Humanismus und

Reformation – bildeten eine gemeinsame Stoßkraft gegen die Außensteuerung des Menschen durch die Autorität der altgläubigen Kirche. Von diesem Vertrauen auf die inneren Kräfte des einzelnen Menschen und der Ablehnung von jedem stumpfsinnigen Übernehmen von Vorgegebenem ist dann später Comenius durch und durch beseelt.

Während Erasmus davon überzeugt ist, dass der Mensch in seinem Willen völlig „frei" ist, meint Luther – von ihm absichtlich als Gegensatz formuliert – dass der Wille des Menschen, dieser Antrieb und Motor aller höheren menschlichen Bestrebungen, „geknechtet" sei. Und zwar durch die Sündhaftigkeit, zum Beispiel dem Streben nach eigenen Vorteilen, sei der menschliche Wille vernebelt und daher ständig darauf angewiesen, dass Gott dem Menschen sein problematisches Wollen bzw. das daraus entsprungene Fehlverhalten vergibt und der Mensch seinen Willen immer wieder erneuert bilden kann. So ist der König der inneren Kräfte des Menschen, der Wille, für Erasmus und für Luther wichtig; während er bei Erasmus selbstständig ist, bedarf er nach Luther der Rückbindung an Gott. Dieser großartige Streit zwischen Erasmus und Luther um 1520 fand 1642 zwischen dem dann größten Denker Europas, René Descartes (1596-1650), und Comenius in den Niederlanden eine würdige Fortführung. Davon aber später.

Die Politik entdeckt die Reformation für sich

Luther wäre wohl wie damals Hus als Ketzer, also als jemand, der vom kirchlichen Standpunkt aus gesehen Irrlehren verbreitet, hingerichtet worden, wenn sich nicht deutsche Fürsten seiner Reformation angenommen hätten. Dieser Vorgang soll jetzt noch genauer betrachtet werden, weil hier ein Zusammenwirken von Glaube und Politik „erfunden" wurde, das dann über hundert Jahre später für das Wirken des Comenius immer noch grundlegend wichtig ist.

Die Fürsten sorgten wohl kaum aus Überzeugung für die Sache Luthers, sondern weil sie damit eigene machtpolitische Interessen verfolgten. Seit über 1000 Jahren war die Einheitlichkeit des deutschen Kaiserreiches im Glauben ein Garant für die Einheit des Reiches und der Macht des Kaisers. Deshalb bildeten Papstkirche und Kaiser schon immer eine unheilige Verbindung. Wenn nun Luther die Einheitlichkeit des Reichs im Glauben aufbrechen und in möglichst vielen Gebieten ein evangelisches Bekenntnis durchsetzen wollte, wäre damit in diesen Gebieten auch der Einfluss des altgläubigen Kaisers geschwächt und somit die Macht der dort sitzenden Fürsten aufgewertet worden. Ähnliche Hoffnungen auf Selbstständigkeit gegenüber dem Kaiser machten sich einige deutsche Städte. Sie alle waren aber nicht, wie Luther, an der Selbstbestimmung des Einzelnen in Denken und Religion interessiert, sondern nur an derjenigen des Fürsten. Die Untertanen sollten dann das Bekenntnis ihres Landesfürsten übernehmen. Dies wollte Luther aber eigentlich nicht, denn es bedeutete ja wieder, dass der Einzelne nicht selbst entscheiden konnte. Nur dass jetzt nicht die Kirche, sondern der Fürst bestimmte, was der Einzelne zu denken und zu glauben hatte. Doch konnte Luther diesen Willen der Fürsten nicht unterbinden, wenn er nicht die Reformation insgesamt gefährden wollte. So glitt Luther die Entwicklung mehr und mehr aus der Hand. Schon zum Reichstag in Augsburg 1530, wo der Kaiser die abtrünnigen Fürsten vergeblich zur Aufgabe zwingen wollte, war Luther von den Fürsten erst gar nicht mehr eingeladen worden. So war das evangelische Bekenntnis zur Sache, ja zum Spielball der Politik geworden. Die Fürsten konnten sich durchsetzen und es kam zur sogenannten fürstenstaatlichen Reformation. Dank des evangelischen Bekenntnisses waren die Fürsten und Reichsstädte gegenüber dem Kaiser ab 1555 politisch selbstständig geworden. Diese Verbindung von Politik und Glaube führte dazu, dass sich Comenius über hundert Jahre später intensiv mit Politikern in ganz Europa auseinandersetzen muss, um sein eigentliches Interesse an einer freien Religionsausübung für die Menschen durchsetzen zu können. Und noch heute ist Deutschland das einzige Land in Europa mit politisch selbstständigen Teilgebieten, wenn diese heute auch nicht mehr Fürstentümer, sondern Bundesländer sind. In allen anderen Nationen Europas geht die politische Macht nämlich von einem einzigen Ort aus. Man nennt dies Zentralismus, während die deutschen Verhältnisse Föderalismus genannt werden.

Nachdem sich also die Reformation durchgesetzt hatte und ab 1555 evangelische Regionalkirchen – Vorläufer der heutigen Landeskirchen – gebildet wurden, gab es noch lange keine Ruhe in Europa. Alsbald ging das blutige Machtgerangel mit dem dreißigjährigen Krieg in der Zeit des Comenius erst richtig heftig weiter und noch heute gibt es den irisch-englischen Krieg, vordergründig um religiöse Bekenntnisse.

Erst einmal kam es aber nach dem Tod Luthers (1546) und der Anerkennung von evangelischen Gebietskirchen im Reich (1555) dazu, dass die katholische Kirche eine eigene Erneuerung aus sich selbst heraus anstrebte. Diese sogenannte Gegenreformation griff die reformatorische Kritik an der altgläubigen Kirche auf, besonders den Vorwurf, der altgläubige Mensch hätte von der Kirche autoritär verkündete Wahrheiten einfach zu übernehmen, ohne dass der Mensch, ausgehend von seiner eigenen Lebenserfahrung zu selbst erkannten Wahrheiten kommt. Besonders der Jesuitenorden greift diese Kritik auf und zwar vor allem auf den später auch für Comenius wichtigen Gebieten der Erziehung und Schulbildung. Dem Autoritären gegengesteuert wird, indem das zu Lernende jetzt nicht mehr nur durch Auswendiglernen hingenommen, sondern eingeübt und das Tun, zum Beispiel in Theateraufführungen der Schüler, mit dem Lernen von Inhalten verbunden wird. Comenius entwickelt später seine Schulreform in eine ähnliche Richtung und muss sich mit dem Vorwurf seiner Mitprotestanten befassen, er arbeite ja wie die Katholiken. Doch Comenius meint, er verbinde für das Leben bedeutsame Lerninhalte mit aktiven Lernformen, wie Theateraufführungen, während es bei den Gegenreformatoren bei den alten, lebensfernen Inhalten geblieben sei und nur die Lernformen modernisiert worden wären: gewissermaßen alter Wein nur in neue Schläuche gegossen worden sei. Auch hat es die Gegenreformation nicht nur der Freiwilligkeit überlassen, welches religiöse Bekenntnis die Menschen annehmen wollten, sondern die Bevölkerung ganzer Gebiete oft mit Gewalt zum katholischen Glauben zurückgebracht. Auch Comenius konnte sich mehrfach nur durch Flucht und ein Leben in der Fremde solcher Rekatholisierung entziehen.

Der dreißigjährige Krieg

Der Kaiser des damaligen deutschen Reiches, der aus dem katholischen Adelshaus der Habsburger stammte, wollte es nicht auf sich beruhen lassen, dass er nicht mehr die Macht im ganzen Reich hatte und diese teils an deutsche Fürsten abtreten musste. Dabei erstreckte sich sein Reich auch auf Spanien, Spanisch-Niederlande, Österreich, Böhmen und Ungarn, aber eben nicht durchgehend. Besonders das Kernland Deutschland war in unzählige Fürstentümer zerstückelt wie ein Flickenteppich.

Dann waren aber auch ganze europäische Länder protestantisch und seinem Einfluss entzogen, was der Kaiser als Bedrohung seiner Macht erlebte. Da war ganz im Norden England, das erst 1603 unter Elisabeth I in schier aussichtsloser Lage mit einer Kriegslist gegen die spanische Armada – der damals größten Schiffsflotte der Welt – zur See gewann, seither die Hoheit über die Weltmeere besaß und damit einen entscheidenden Vorteil bei der Aufteilung der Welt in Besitztümer europäischer Länder, sogenannter Kolonien.

Hier ging es um Rohstoffe und Sklaven *aus* diesen Ländern und um Absatzmärkte für die eigene Produktion *in* diesen Ländern. – Ach ja, Dich interessiert bestimmt die erwähnte Kriegslist: Die spanischen Schiffe waren viel größer und zahlreicher, so dass die Engländer im direkten Kampf auf See nie eine Chance gehabt hätten. Da setzten die Engländer einige ihrer Schiffe in Brand und ließen sie bei günstigem Wind in die Flotte der Spanier hineintreiben. Die schwerfälligen Schiffe der Spanier konnten nicht ausweichen, fingen Feuer und so ging die stolze Armada unter. – Mit diesem Sieg kam England erst so richtig als Kolonialmacht auf mit – moralisch freilich zweifelhaften – Besitzungen auf der ganzen Welt, weil ja die Seewege damals die einzige Möglichkeit boten, auf der ganzen Welt anwesend zu sein. Noch im 20. Jahrhundert war Indien mit fast einer Milliarde (!) Bewohnern Besitztum von England, und erst der berühmte gewaltfreie Widerstand Mahatma Gandhis (1869-1948) brachte dem Kontinent 1948 die Unabhängigkeit. Seit der damaligen Niederlage der spanischen Flotte war in England auch die anglikanische Kirche gefestigt, die dem Protestantismus nahe steht, wodurch das Land später auch zum Zufluchtsort für Comenius werden sollte.

Dann waren da die Niederlande und Schweden als weitere protestantische, gegenüber dem Kaiser eigenständige Länder, die zudem eng zusammen arbeiteten. Nur der „Löwe aus dem Norden", König Gustav Adolf von Schweden, hatte die Militärmacht und die Verbündeten, wie außer den Niederlanden etwa Sachsen, um bis in die Kerngebiete von

Habsburg hinein, im Süden und Osten Europas, Gebiete zu erobern.

Abb. 5: Der schwedische König Gustav Adolf (1594-1632) in der Mode von damals: Spitzbart und weißer Kragen, der übrigens bei protestantisch Bekennenden - wie König Gustav Adolf - schlicht, bei Katholiken eher prachtvoll war. Vergleiche diese Mode auch auf den Abbildungen von Comenius (S. 11), Louis de Geer (S. 53) oder Dr. Tulp (S. 73-74).

Schweden war daher auch der Hauptbeschützer von protestantischen Minderheiten in Böhmen, Mähren, Polen und Ungarn wie den Böhmischen Brüdern, die überall dort zerstreut lebten. Mit allen diesen europäischen Ländern arbeitet Comenius daher aufs Engste zusammen, hält sich teilweise über Jahre dort auf, um seine Ideen von einer besseren Erziehung des Menschen auszuarbeiten und zu verwirklichen.

Und im Westen war da noch Frankreich, das protestantisch und dem Einfluss des habsburgischen Kaisers entzogen war. Zwar arbeitete Comenius mit diesem Sprachraum und Land nicht zusammen. Aber als alter Rivale Deutschlands um die Vormachtstellung in Europa konnte Frankreich Habsburg ordentlich ärgern und so habsburgische Kräfte binden, die dann schon nicht gegen die genannten verbündeten Länder der Böhmischen Brüder um Comenius gerichtet werden konnten. Denn Frankreich war ein wohlhabendes, bevölkerungsreiches Land.

Der Verlauf des Krieges war brutal. Von 16 Mio. Bewohnern Deutschlands überlebten nur etwa 11 Mio. Stell Dir vor, wenn von fünf Familienmitgliedern eines Tages nur noch drei am Tisch beisammen sitzen und zwei tot sind. Und das in jeder Familie! Unsagbare Trauer muss in ganz Deutschland und Europa geherrscht haben. Neben dem Krieg wüteten vor allem Pest und Aberglauben, der sich besonders in der Verfolgung und Verbrennung sogenannter Hexen entlud. Auch Comenius verliert beide Familien, die er im Laufe seines Lebens gründet und verbringt die letzten beiden Jahrzehnte seines Lebens in einer Altersehe kinderlos.

Während und nach dem Krieg kann sich Comenius durch Aufenthalte in den verbündeten Ländern England (1641-1642), Schweden (1642-1648) und den Niederlanden (1656-1670) immer wieder etwas Ruhe verschaffen und für die Unterstützung seiner in fremden Ländern zerstreuten Gemeinde – in Polen und Oberungarn – eintreten. Schließlich kommt das ersehnte Ende des Krieges: die Habsburger sind geschlagen. Würde die Gemeinde endlich, endlich wieder in die Heimat zurückkehren können? Dem Kaiser wird viel, sehr viel abverlangt: 1.) Das Reich zergliedert sich in einen Verband von Staaten und der Kaiser hat keine Macht über das ganze Reich; 2.) die protestantischen Glaubensbekenntnisse sind im ganzen Reich mit der katholischen Konfession gleichberechtigt. – Doch stellen die Großmächte im Friedensvertrag, dem sogenannten Westfälischen Frieden von 1648/50, den Zustand von 1624 und nicht den von vor dem Krieg 1618 wieder her. Böhmen bleibt damit habsburgisch. Welch Schock für Comenius! Seine Böhmischen Brüder können damit auch nach dem Ende des Krieges nicht in ihre Heimat zurück und müssen in der Fremde in Lissa (Polen) und Oberungarn verbleiben. Enttäuscht und niedergeschlagen kehrt Comenius zu den Seinen nach Lissa zurück.

Er ringt um Haltung: übernimmt noch einmal öffentliche Verantwortung als Leiter seiner Gemeinde; heiratet zum dritten Mal. Noch einmal startet er für weitere 20 Jahre durch! Er verfasst großartige Entwürfe für die Herstellung eines andauernden Weltfriedens unter allen Stämmen, Nationen und Religionen der Welt. Doch das Werk geht verloren. Erst im 20. Jahrhundert, also etwa 300 Jahre später, wird die Handschrift in einer Bibliothek in Halle entdeckt und später als Buch gedruckt. Viele Kriege, Weltkriege, hat die Menschheit bis dahin wieder geführt. Wird der Friedensplan von Comenius der Menschheit heute helfen? ...

Verstehensaufgaben

Für Dein besseres Verstehen beim Weiterlesen ist es hilfreich, wenn Du Dir die wichtigsten Inhalte des vorangegangenen Kapitels gut einprägst. Beantworte dazu – konzentriert in Deinen Gedanken oder schriftlich – folgende Verstehensaufgaben und vergleiche Deine Antworten mit den Lösungen hinten S. 93.

1.1 Nenne die beiden miteinander rivalisierenden Bekenntnisse am Ende des Mittelalters und dem Beginn der Neuzeit sowie ihre jeweiligen Anhänger (Länder, Personen).

1.2 Welche Neuerungen wollten die Protestanten a) in der Kirche und b) hinsichtlich der Menschen?

1.3 Worum wurde politisch gestritten?

1.4 Was an den Vorgängen war im Sinne von Comenius, was nicht?

Die Erneuerung von Erziehung und Unterricht

Du hast bereits erfahren, dass Comenius es nicht wollte, wenn dem Menschen autoritär Lebensart und Meinungen vorgegeben werden, sondern der Mensch stattdessen frei zu eigenen Einsichten gelangen soll. An die Stelle gläubiger Übernahme von Althergebrachtem sollte mündiges Verstehen von neuen Gedanken treten. Bestimmt denkst Du, dass diese Forderung von Comenius heute doch längst eingelöst ist. Prüfe dieses Urteil, wenn Du die Vorstellungen von Comenius über die Erziehung und Schulbildung, die auf Verstehen und Mündigkeit abzielen, näher kennen gelernt hast.

Erziehung und Schule in der alten Zeit

Was Comenius in seiner Heimat und überall in Europa vorfindet und selbst auch als Schüler 1608 bis 1611 im böhmischen Prerau erlebt hat, will ihm keine Ruhe lassen. Ihn stört die streng erzwungene Disziplin, der autoritär erzeugte Abstand zwischen Eltern und Kind bzw. später Lehrer und Schüler, die erwartete gehorsame Aufnahme der von den Erziehern und Lehrern für richtig befundenen Ansichten ohne Rückfragen und ergebnisoffenen Gesprächen mit dem Kinde. Comenius zweifelt am guten Sinn des in der Schule verbreiteten mechanischen Auswendiglernens, ohne dass der Inhalt vom Lernenden verstanden wurde. War es nicht ein in Wirklichkeit zielloser Unterricht ohne erzieherischen und bildenden Wert, der vor allem um seiner selbst willen und nicht für die Kinder abgehalten wurde? Der Verlauf des Unterrichts orientierte sich an der Gliederung des Wissensstoffes statt an der Entwicklung und den Fragen der Kinder.

Methodisch passte zu diesem geistlosen Lernen freilich am besten der Frontalunterricht ohne Kontakt der Kinder untereinander und ein Vorherrschen von Lehrervortrag, Texten, lesen und nochmals lesen sowie schreiben und abermals schreiben. Die Jesuiten hatten mit der Verbindung von Lernen und Tätigsein, zum Beispiel bei Theateraufführungen der Schüler, zwar etwas Richtiges erkannt. Aber im Urteil von Comenius änderten sie nichts an der Lebensferne der Inhalte, wenn es in den Aufführungen um biblische Geschichten oder Abenteuer antiker Helden ging. Auch der Prunk der Theateraufführungen, die festlichen Anlässe oder die kostspieligen Bühnenbilder entrückten das Lernen eher dem Alltag der Kinder als dass beides miteinander verbunden worden wäre.

Besonders beim Sprachenlernen fällt Comenius die ziel- und geistlose Paukschule auf. Aufgabe der Schüler war es, eine Menge völlig überflüssiger Worte zu lernen, die außerhalb der Schule niemals mehr verwendet wurden oder verwendet werden konnten. Inhaltlich unanschauliche Sätze zeitlich ferner, antiker Schriftsteller waren auswendig zu lernen, mechanisch zu pauken, ohne sich wirklich um den Sinn zu kümmern. Die Kinder wurden als Gefäße gesehen, in die all die Buchstaben, Worte und Sätze hineingestopft werden müssten. Bei Ermüdung folgten Drohungen, Geschrei, Strafen, Prügel und Arrest. Und das alles geschah bereits Jahrhunderte lang!

Jahrhunderte lang! War dieser Berg von verknöcherten, verstaubten Angewohnheiten, seit Generationen aufeinander getürmt, gestützt vom Beharren der menschlichen Natur, vom gedankenlosen Verlassen auf übernommene Gewohnheiten, von Trägheit und Misstrauen gegenüber allem Neuen, von Stumpfsinn und Feigheit überhaupt abzuarbeiten? Und waren Veränderungen überhaupt gewollt? Dies alles hielten die Führenden in der Gesellschaft ja für richtig, weil weder die Kirche ihre Glaubenssätze noch der Adel die Ständeeinteilung der Gesellschaft in Frage stellen und vor allem alles beim Alten belassen wollten. Verstehen und Mündigkeit konnten da nur stören. Würde nicht der, der die herrschenden Ansichten von Erziehung und Unterricht hin zu einer verstehenden Pädagogik verändern wollte, an den Grundpfeilern der Gesellschaft rütteln? Comenius denkt an Jan Hus und dessen Ende! Und so besucht der Rebell schon 1614, am Ende seines Studiums der Theologie, Prag und dort auch die Bethlehemskapelle, in der Hus exakt 200 Jahre vorher von Mündigkeit und Gewissensfreiheit gepredigt hatte. Wie wohl ist ihm, dass er in diesen Tagen im Seminargebäude der Prager Brüderunität unterkommen kann – und übrigens in der Familie des dortigen Gemeindevorstehers der Brüder dessen kleines Töchterlein Dorothea kennen lernt, das er zehn Jahre später heiraten wird, um mit ihr 24 glückliche Ehejahre zu verbringen und vier gemeinsame Kinder zu haben.

Abb. 6: Belagerung der Stadt Prag durch Pfalzgraf Karl Gustav (1622-1660) im Oktober / November 1648; Karl X Gustav wird ab 1654 König von Schweden. Links und rechts oben sind bedeutende Generäle dieser Schlacht zu sehen. Dieses Bild hat der Künstler Karel Skréta, auf die Ereignisse zurück blickend, im Jahr 1663 gefertigt. Das Original findet sich heute im *Muzeum hlavního mesta* in Prag. Du kannst es dort bewundern.

Erziehung und Schule bei Comenius

Comenius beginnt mit der Erneuerung des Sprachenunterrichts. Unerschrocken macht er sich ab 1628 daran, neue Sprachbücher für seine Muttersprache Tschechisch und für Latein zu schreiben. Latein war damals die Sprache des internationalen Austauschs und der Gebildeten, ähnlich dem Englischen von heute.

Grundprinzip der neuen Sprachlehre ist es, auf die mit den Worten und Sätzen mitgeteilten Dinge und Inhalte zu achten, damit auch im Sprachunterricht Inhalte und deren Verstehen im Mittelpunkt stehen. Die Inhalte seien das Wesentliche, Worte und Sätze nur die Beigabe, das Transportmittel der Gedanken und des Sinns. Worte, Sätze und Sprache dürften nicht früher gelernt werden als die damit verbundenen Inhalte für das Kind verstehbar sind. Über das Verstehen von Inhalten soll der Schüler sich die mit den Inhalten verbundenen Worte und Sätze aneignen. So wird sich der Sprachunterricht vom nicht bildenden Drill- und Gedächtnisunterricht zum verstehenden, bildenden Unterricht wandeln, in dem eine Sprache mit Interesse erworben wird.

Die Verbindung von Sprachlehre mit Sach- und Menschenkunde macht schon deutlich, dass die Erneuerung des Sprachunterrichts bei Comenius in einem größeren Zusammenhang der Erziehungs- und Schulreform steht. Zentral ist, dass Lernen Verstehen bedeuten muss. „Ein vernünftiges Geschöpf zu sein, das bedeutet zu erforschen, zu benennen und zu errechnen, das ist, alles zu kennen und alles zu verstehen, was es auf der Welt gibt ..." Wenn der Mensch „den Sinn aller Dinge kennen wird", dann wird er alles „irgendwie beurteilen und für das bestimmte Ziel ... vernünftig anwenden" können. Du siehst, wie gründlich bei Comenius das Lernen von der mit den Sinnen erfahrbaren Welt ausgeht, um dann über das Benennen und Berechnen, dann das Verstehen schließlich den Sinn aller Dinge zu ergründen. Comenius selbst bringt diesen zentralen Lehr- und Lerngrundsatz auf die Formel: „Im Verstand liegt nichts, es sei denn, es wäre vorher in den Sinnen vorhanden gewesen."

Nun ist für Comenius das Lernen mit den Sinnen aber nicht das Wichtigste. In Kritik des damaligen, von der kindlichen Erfahrung ganz fernen Schulunterrichts, betont er aber, dass das Lernen auf dieser Ebene der Anschauung und Erfahrung der Welt mit den Sinnen beginnen müsse. Wichtig ist dann allerdings, dass der Lernende aus den sinnlich erfahrbaren Dingen und Sachverhalten Begriffe, Zusammenhänge, Werte und Sinn ableitet – alles eine nicht mehr mit den Sinnen erfahrbare, gewissermaßen fotografierbare Wirklichkeit. Darauf kommt es beim Lernen vor allem an, dass aus dem sinnlich Erfahrenen Zusammenhänge, Ordnungen, Werte und Sinn abgeleitet wird.

Du kannst die Gewichtung von Anschaulichem und nicht mehr Anschaubarem, man sagt: Abstraktes, bei Comenius noch besser verstehen, wenn Du weißt, dass Comenius ein Anhänger des antiken griechischen Philosophen Platon (427-347 v. Chr.) war. Dazu musst Du Dir allerdings etwas

Mühe geben. Du schaffst das aber und wirst vielleicht merken: philosophieren macht Spaß! – Laut Platon haben nicht die Dinge, sondern die Ideen die größte Wirklichkeit. Stell Dir zwei höchst unterschiedlich aussehende Stühle nebeneinander vor. Erst durch die menschliche Verstandesleistung, seine Idee, wonach beide Gebilde als Sitzgelegenheiten erkannt werden, sind diese Dinge zu Stühlen geworden. Ohne diese Idee des Menschen würde es sich bestenfalls um zwei höchst unterschiedliche Bretterhaufen handeln. Nicht die Dinge also, sondern die Idee gibt diesen, sagen wir Bretterhaufen, ihre Wirklichkeit als Stühle. Platon und dann auch Comenius meinten nun, dass auf der höchsten Stufe der Ideen die Idee der Göttlichkeit stehe, die alles Dingliche und Denkbare enthalte und zwar in einer vollkommenen, fehlerfreien Weise. Aus dieser göttlichen Idee sei stufenweise, mit zunehmender Anschaulichkeit, alles was es gibt, Nichtfotografierbares und Fotografierbares, entsprungen. Folgendes Schema kann Dir dieses Stufenmodell von der Wirklichkeit zeigen. Lies das Schema, wie es die Pfeile angeben!

Die Stufenlehre von Platon: alles entstammt stufenweise aus göttlichen Ideen und hat Anteil daran.

↓	↑	↑
Die noch ungeschaffene Welt, die es nur als göttliche Ideen gibt.	Überirdisch-ewiges: z. B. göttliches Wirken in der Welt, Ideen von Gott / Gottesglaube	Alles, was gehofft und geglaubt werden kann.
Die erschaffene Welt in Vollkommenheit (Paradies).		
Die nicht sichtbare Welt, Energien wie Verstand, Wille, Schöpfungskraft.		Geist; wird vor allem mit Sprache zum Ausdruck gebracht. Verstand ist wichtig.
Alles in der Welt, was auf die Beziehung zum Jenseitigen / Überirdischen ausgerichtet ist: Religion, Rituale, ...		
Die Welt mit Sitten und Moral, Gemeinschaften.	Das Kulturelle, Moralische, Geistige	Seele; wird vor allem erlebt. Gefühl ist wichtig.
Die vom Menschen durch Kultur (z. B. Architektur) und Kunst gestaltete Welt.		
Die Lebewesen und Dinge	Organisches (Lebewesen) Nicht organisches (Steine, ...)	Körper; alles mit den Sinnen Erfahrbare.

Abb. 7: Die linke Spalte zeigt die Einteilung von allem, was es auf der Welt gibt, in sieben Stufen. Die mittlere Spalte zeigt, wie der Mensch von den niedrigsten Dingen bis zu den höchsten Vorstellungen gelangen kann. Die rechte Spalte zeigt, wie das alles mit dem Aufbau des Menschen selbst in Körper, Seele, Geist und seiner Teilhaftigkeit am Überirdischen zusammen hängt.

Weil alles aus der einen göttlichen vollkommenen Idee entspringt und mit allem stufenförmig zusammenhängt, ist auch alles miteinander verbunden und zwar von oben nach unten mit zunehmender Anschaulichkeit und zugleich abnehmender Dichte an „Sinn“. Aber in allem, auch noch in irgendeinem Stein, der da liegt, ist zumindest ein Rest göttlicher Idee. Vornehmste Aufgabe des Menschen ist es nun, in allem letztlich diese höchste, vollkommene Idee zu entdecken und zu verstehen. Comenius ist also alles andere als ein Lehrer der Anschaulichkeit – eher im Gegenteil ist er ein Fan des im Anschaulichen steckenden, nicht mehr anschaubaren Sinns, der ihm bei der Bildung der Menschen besonders wichtig ist.

Comenius hat ein Buch geschrieben: „Die sichtbare Welt“. Mit diesem Fremdsprachenbuch für Latein wird das Erlernen von Worten und Sätzen mit interessanten Sachverhalten verbunden. Es ist genau nach dem gezeigten Schema in Abb. 7 in Kapitel gegliedert und wurde in viele europäische Sprachen übersetzt. Auf der folgenden Seite siehst Du zwei Doppelseiten aus der deutschen Ausgabe von 1658 und zwar zunächst eine, die der Stufe 3 der mittleren Spalte von Abb. 7 (Kulturelles, Moralisches, Geistiges) zuzuordnen ist, dann eine weitere Doppelseite, die sich auf die höchste Stufe des menschlichen Verstehens (Überirdisch-Ewiges) bezieht. Versuche Dich in die etwas altertümliche Schrift einzulesen. Nimm eventuell eine Lupe zu Hilfe. Du wirst sehen, es kann Dir gelingen. Forschen ist mühsam und spannend zugleich!

Abb. 8, auf der folgenden Seite: Zwei Doppelseiten aus dem Buch von Comenius: Die sichtbare Welt, 1657

Die Seele des Menschen wird als etwas dargestellt, was unstofflich gewissermaßen in jeder Körperzelle des Menschen ist. – Unten wird gezeigt, wie durch die Vorsehung Gottes das Leben jedes Menschen vorherbestimmt ist, wobei der Mensch an seinem Wohlergehen seine Gunst bei Gott ersehen kann. Diese Vorstellung spielt in dem evangelischen Bekenntnis, dem Comenius anhing, dem sogenannten Kalivinismus, eine große Rolle.

XLII.

Anima Hominis. — Die Seele des Menschen.

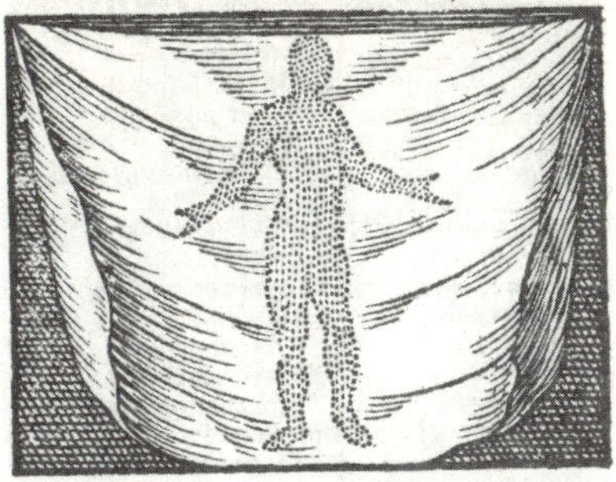

Anima	Die Seele/
est vita corporis,	ist des Leibes Leben/
in toto una:	einig in dem gantzen:
Tantùm *Vegetativa*,	Allein eine Wachstüm-
in *Plantis*;	in den Pflantzen; (liche/
Simul *Sensitiva*,	Zugleich eine Sinnliche/
in *Animalibus*;	in den Thieren;
Etiam *Rationalis*,	Auch eine Vernünftige/
in *Homine*.	in dem Menschen.
Hæc, consistit	Diese/ bestehet
in tribus: (ctu)	in dreyen Dingen: (nunft)
In *Mente* [Intelle-	Im Verstand [Ver-
	quâ

quâ cognoscit	wodurch er erkennet
& intelligit,	und verstehet/
Bonum ac Malum,	das Gute und Böse/
vel verum,	entweder das Warhafte
vel apparens;	oder das Scheinbare;
In *Voluntate*,	Im Willen/
quâ eligit	wodurch er erwählet
& concupiscit,	und verlanget/
aut rejicit	oder verwirft
& aversatur,	und verabscheuet/
cognitum;	das Erkandte;
In *Animo*,	Im Gemüte/
quo prosequitur	wodurch er nachstrebet
Bonum electum,	dem erwählten Guten/
vel fugit	oder fliehet
Malum rejectum.	das verworffne Böse.
Hinc *Spes*,	Daher Hoffnung
& *Timor*,	und Furcht/
in cupidine	in der Begierde
& aversatione.	und Abscheu.
Hinc *Amor*	Daher Liebe
& *Gaudium*,	und Freude
in fruitione:	in der Geniessung:
Sed *Ira*	Aber Zorn
ac *Dolor*,	und Schmerze/
in passione.	in d' Leideschaft (nes dings/
Vera rei cognitio,	Die wahre Erkäntnis ei-
est *Scientia*:	ist eine Wissenschafft:
falsa, *Error*,	die falsche/ ein Irrtum/
Opinio, Suspicio.	Wahn/ Verdacht.

CXLIX.

Providentia Dei. — Die Vorsehung Gottes.

Humanæ Sortes,	Das Menschliche Glück-
non tribuendæ sunt	ist nit zu zuschreiben (wesen/
Fortunæ,	dem Glück/
aut Casui,	oder dem Zufall/
aut Siderum Influxui,	oder den Stern-Einflüssen/
(*Cometa* 1 quidem	(zwar die Schwanzster-
	(ne [Cometen] 1
solent nihil boni	pflegen nichts guts
portendere)	anzudeuten)
sed provido *Dei Oculo* 2	sondern Gottes allsehen-
& ejusdem	und dessen (dem Aug 7
Manui rectrici; 3	allregirender Hand; 3

etiam nostræ	auch unsrer
Prudentiæ	Vorsichtigkeit
vel Imprudentiæ,	oder Unbedachtsamkeit/
vel etiam Noxæ.	oder auch Sünde.
Deus	Gott
habet ministros suos	hat seine Diener
& *Angelos*, 4	und Engel/ 4
qui *Homini*, 5	welche dem Menschen/ 5
à nativitate ejus,	von seiner Geburt an
se associant,	sich zugesellen
ut Custodes,	als Beschützere/
cõtra malignos Spiritûs	wider die bösen Geister
seu *Diabolum*, 6	oder den Teuffel/ 6
qui minutatim	der da Augenblicklich
ei insidias struit,	ihme nachstellet/
ad tentandum	ihn zu versuchen
vel vexandum.	oder zu plagen.
Væ dementibus	Wehe den Thörichten
Magis & Lamiis,	Zauberern und Hexen/
qui Cacodæmoni	die dem Sathan
se dedunt,	sich ergeben/
(inclusi *Circulo* 7	(verschlossẽ in einẽ Zirkel 7
cum advocantes	mit Beschwerungen
incantamentis)	ihm herzubannend)
eum eo colludunt,	mit ihm zu thun haben/
& à Deo deficiunt!	und von Gott abfallen!
nam cum illo	dann sie werden mit ihme
mercedem accipient.	Lohn empfangen.

Entsprechend dem genannten Stufenschema ordnet Comenius auch das Schulwesen in eine Art Vorschule, die in der Familie stattfindet, sowie sieben weitere Stufen, die in einer öffentlichen Pflichtschule für alle unterrichtet werden. In der Familie werden dem Kleinkind leicht durchführbare Aufgaben erteilt; Fragen und Gespräche über anschauliche Vorgänge schulen das Bewusstsein des Kindes, und auch durch Nachahmen von Beispielverhalten der anderen Familienmitglieder lernt das Kind. Vorträge sind zu vermeiden. In allen sieben folgenden Schulstufen ist die Verbindung von Handeln und Begreifen mit dem Verstand sowie die Verbindung von Schule und Leben wichtig, freilich mit schulstufenweise zunehmendem Verstehen des nicht Anschaubaren. Natürlichkeit und Ungezwungenheit beim Lernen sind stets zu beachten; jede Künstlichkeit und jeder Zwang sind zu vermeiden.

Du weißt vielleicht, dass es zur Zeit des Comenius eine Ständegesellschaft gab, in der der Mensch zum Beispiel in den Stand des Adels, des Bürgertums oder der Leibeigenen hineingeboren wurde. Mit erkennbarer Kritik an diesen gesellschaftlichen Ständen gemäß Geburt vertritt Comenius: „Alle als Menschen geborene sind vor allem zu dem Zweck geboren, Mensch zu sein, das heißt ein vernünftiges Geschöpf ..." Ausschlaggebend für die Einstufung eines Menschen in der Gesellschaft soll also allein der vernunftgemäße Entwicklungsstand dieses Menschen sein. In dieser Überzeugung wirkt die demokratische Gesinnung des Jan Hus nach, doch sollte es noch einmal etwa 150 Jahre nach Comenius dauern, bis in der französischen Revolution von

1789 die Ständegesellschaft abgeschafft wird und „Freiheit, Gleichheit, Brüderlichkeit“ die Fundamente der Gesellschaft werden sollten. Doch schon bei Comenius hätte jeder Mensch grundsätzlich den höchsten gesellschaftlichen Stand erreichen können, denn Comenius ist davon überzeugt, dass – wie er in einem Wortspiel sagt – „alle alles allseitig“, gemeint ist wohl: umfassend, lernen können. Da Comenius zugleich fordert, dass alle Kinder zur Schule gehen sollen und nicht nur diejenigen von Adligen und Reichen, hat auch jeder Mensch die gleichen Bildungschancen, „Adlige und Nichtadlige, Reiche und Arme, Knaben und Mädchen, aus allen Städten, Flecken, Dörfern und Gehöften“.

Du hast schon gehört, dass Comenius eine Schule ohne jeden Drill und Zwang will. Er meint auch, „jeden Menschen verlangt es danach, etwas zu wissen, er ist bestrebt, sein Wissen täglich zu erweitern, das heißt, es ist sein Begehren, täglich etwas zu hören, zu sehen, anzufühlen, zu tun und auch etwas Neues zu ersinnen“. Hm! Was meinst Du? Deckt sich das mit Deiner Lebenserfahrung? Mit Deiner Selbsterfahrung? – Comenius jedenfalls vertritt trotz seinen extrem belastenden, jahrzehntelangen Erfahrungen mit Krieg, Raub und Mord dieses optimistische Menschenbild. Auch in seinem Siegel, das er wohl fast täglich benutzte, um Briefe zu verschließen, findet sich dieser Optimismus. Ein Siegel ist wie ein Stempel, das in einen flüssigen Wachstropfen auf der Verschlussstelle eines Briefumschlags gedrückt wird und sein Muster hinterlässt. Ist der Wachstropfen alsbald trocken, kann der Brief nur geöffnet werden, wenn der Siegelabdruck gebrochen wird. Unrechtmäßiges Öffnen kann so nicht verheimlicht werden. Als Umschrift von Comenius' Siegel ist nun zu lesen: „Omnia sponte fluant. Absit violentia rebus“; also: „Alles fließe aus eigenem Antrieb. Gewalt sei den Dingen ferne.“

Abb. 9: Siegel von Comenius

Dass Comenius dieses Siegel auch auf dem Titelblatt seines Schulbuches abgedruckt hat, zeigt, dass diese Aussage auch in der Schule gelten soll. Wie kommt Comenius nun zu dieser optimistischen, geradezu antiautoritären Vorstellung von Schule? Die Antwort darauf gibt das Bild inmitten seines Siegels. Abgebildet ist die Natur mit dem Kreislauf aus Regen, Sonne, Wolkenbildung und wieder Regen, der die im Vordergrund dargestellten Pflanzen ohne jeden Eingriff von außen durch den Menschen wachsen und gedeihen lässt. Der Mensch und die von ihm geschaffenen Kulturgüter fehlen absichtlich auf diesem Blick in die Natur. Dieses irdische Geschehen ist eingebettet in die astrologische Ordnung mit Sonne, Mond und Sternen, die ihrerseits ohne jede äußere Gewalt, nur durch die den Dingen innewohnende Schwerkraft, einen geordneten Kosmos bilden. Das heißt: Kosmos und Natur geben Comenius das Vorbild für die richtig geführte Schule und den Unterricht.

So wie das ganze Weltall ohne jede äußere Gewalteinwirkung wohl geordnet ist, so ist es auch jeder Mensch. Es gibt eine Verbindung zwischen beidem, der Ordnung (= „Kosmos“) im Weltall und der Ordnung des Menschen. Der Mensch ist also eine „kleine Welt“, ein sogenannter Mikrokosmos. Wie weitgehend nach der Überzeugung von Comenius Kosmos und Mikrokosmos, also Weltall und Mensch, gleich aufgebaut sind, kann das folgende Schema zeigen. Grundlegend für den Menschen sind Erkennen, Tun und Genießen, weil auch alles in der Welt entweder zum Erkennen, zur Nachahmung oder zum Genießen geeignet ist.

Der Mensch als „kleine Welt“ (Mikrokosmos)			
Kosmos: Himmel und Erde		Mikrokosmos: der Mensch	
Welt zum Erkennen	Dinge zur denkenden Betrachtung: der Himmel und die Erde	Erkennen Bereich der Wissenschaft	Erkennen beginnt mit dem Betrachten der Dinge.
Nachahmenswerte Welt	Dinge zur Nachahmung: z. B. die Ordnung in allerlei.	Tun Bereich der Tugendlehre (Ethik / Moral)	Der Mensch handelt sittlich durch die Nachahmung von Ordnungen.
Dinge zum genießen und erfreuen	Alles, was zum Genießen da ist, bis hin zur Gunst Gottes und seinem Segen	Genießen Bereich der Religion	Der Mensch ist gut, wenn er Gunst und Segen Gottes annimmt.

Abb. 10: Kosmos Weltall und Mikrokosmos Mensch.

Der Optimismus von Comenius, dass jeder Mensch ohne jeden Druck von außen zum Höchsten strebt, schafft freilich auch ein entspanntes Verhältnis zwischen Lehrern und Schülern bzw. des Schülers zu seiner Schule. Bei Comenius soll der Lehrer in den Schülern Menschen sehen, zwar erst heranreifende, aber „zum Ebenbild Gottes [= zur Vollkommenheit], für das Allgemeinwohl reifende Menschen“. Und die Schule sei für den Schüler „ein Spiel“ sowie „keinerlei Tortur, sondern eine Freude“. Welch neue Vorstellungen angesichts der damaligen Pauk- und Angstschule! Und auch heute klingt noch vieles von den Vorstellungen des Comenius über Erziehung und Schule wie Zukunftsmusik aus weiter Ferne. Oder was meinst Du?

—

Nachdem Comenius eine gewisse Zeit an seinen Vorstellungen über Erziehung und Unterricht gearbeitet hatte, stutzte er. War diese Arbeit wirklich das *Ziel* seiner Bemühungen oder nicht doch vielmehr nur das Mittel, um ein umfassenderes Ziel zu erreichen, nämlich die anhaltende „Besserung der menschlichen Dinge", wobei er mit „Dingen" wohl in etwa „Fähigkeiten" meint. Seit ihm dieser Gedanke kam, ordnete Comenius die Erziehungslehre als ein Teilgebiet der allgemeinen Menschenlehre ein. War es nicht das Dringlichste in diesen Zeiten brutalster Kriege, dass sich die Menschen aller Völker, Nationen und Religionen zur Friedensfähigkeit entwickeln? Comenius war davon überzeugt, dass dies gelingen konnte, wenn im Menschen die Einsicht in eine auf dem ganzen Globus gleich geltende Wahrheit, Gerechtigkeit und Friedenssehnsucht geweckt würde. Dazu müsste das gesamte Wissen der ganzen Menschheit zusammen getragen werden. Wer diese „Allweisheit" besäße, würde „von selbst" anhaltend wahrhaftig, gerecht und friedfertig sein. Comenius erkennt es nun als seine Lebensaufgabe, diese „Allweisheit" zu erarbeiten. Und er setzt sich auch einen Termin, wann diese Herkulesarbeit fertig und der ganzen Welt bekannt sein sollte: am Ende dieses gerade tobenden, teuflischen Krieges, damit so etwas nie wieder passieren konnte. Man schrieb damals das Jahr 1631, als dieser Gedanke Comenius zum ersten Mal ergriff. Und Comenius kann damals nicht wissen, dass er – gemeinsam mit 16 Mio. weiteren, geschundenen Menschen – noch 17 Jahre auf diesen Tag warten muss.

Europa ruft nach Comenius

Als Comenius sein Sprachlehrbuch „Pforte zu den Sprachen“ verfasst, ahnt er nicht, wie sehr ihm dieses Buch die Türen zu Ländern, Herrscherhäusern und Spitzenpolitikern in ganz Europa, ja selbst in den USA, öffnen wird.

Du hast in diesem Buch schon etwas über England gelesen. Erinnerst Du Dich? Zum Beispiel an die überraschend gewonnene Seeschlacht, mit der England den habsburgischen Kaiser und den Katholizismus von der Insel fernhalten konnte; an das anglikanische Bekenntnis als Kompromiss zwischen Katholizismus und Protestantismus, das dann jedenfalls für einige Zeit tatsächlich den Religionsfrieden in England herstellen konnte. – Daran wird jetzt angeknüpft, denn England war das erste Land, das Comenius bat, zu kommen, um das Schulwesen im Lande zu erneuern. Comenius ist damals über die Einladung sehr überrascht gewesen, aber auf der Insel wurden ohne sein Wissen handschriftliche Buchtexte von ihm ins Englische übersetzt und als Bücher gedruckt. Über Nacht ist er unter den Gebildeten des fernen Landes ein Superstar.

1641/42 arbeitet Comenius in London seine Schriften über die „Allweisheit“ weiter aus und kann sich über die Unterstützung mit Geld und Mitarbeitern durch das englische Parlament freuen. Fernab von den Kriegssorgen in der Heimat kann er sich hier „aller unwesentlichen Pflichten und Verpflichtungen ... entledigen“.

Abb. 11: Sitzung des englischen Parlaments im 17. Jahrhundert.

Aber diese gute Zeit hält nicht lange an. Denn die Engländer hatten einen Friedensdenker eingeladen, übten selbst aber eine Politik des Raubs, Menschenhandels, der Morde und des Krieges. England wollte sich nämlich schon lange das katholische Irland unterwerfen. Bereits Königin Elisabeth I ließ 1587 auf Geheiß des englischen Parlaments die katholische Königin von Schottland und Irland Maria Stuart

(1542-1587), ihre Halbschwester, köpfen. Jetzt, mehr als 50 Jahre später, sollte die Bevölkerung von Irland nach dem Willen Englands immer noch anglikanisch oder gar – jedenfalls im Norden des Landes – vernichtet werden, um 120.000 aus den englischen Kolonien Verschleppte dort als Sklaven anzusiedeln. Du solltest wissen, dass noch heute (!) Irland das einzige Land in Europa ist, in dem Menschen sortiert nach ihren Bekenntnissen täglich Krieg gegeneinander führen. Damals kam hinzu, dass der englische König Karl I mit dem englischen Parlament darüber stritt, wer den Krieg gegen Irland leiten sollte, worüber sich ein eigener blutiger Bürgerkrieg unter den Engländern – Republikaner gegen Köngistreue – in London, auch vor der Haustür von Comenius, entfachte. In diesem Tollhaus kann und will Comenius nicht mehr bleiben, zumal England aufgrund all dieser Kriegstreibereien auch aus dem protestantischen Staatenbündnis gegen den habsburgischen Kaiser aussteigen musste. Sein Fazit: „Der ganze Winter [1641/42] ist verloren."

Da vermittelt ihm ein englischer Freund einen Kontakt zu dem Niederländer Louis de Geer, dem reichsten Unternehmer, Kaufmann und Großgrundbesitzer in Schweden, der Schlüsselfigur für die niederländisch-schwedische Zusammenarbeit gegen den Kaiser und die Habsburger.

Abb. 12: Porträt des Louis de Geer (1587-1652), im Alter von 62 Jahren. Das Original findet sich im Stichting Comenius Museum in Naarden (NL).

Schweden und später die Niederlande werden die protestantischen Länder sein, in denen Comenius insgesamt für 20 Jahre seines jetzt noch 29 Jahre andauernden Lebens Ruhe finden wird. Freilich ist diese Ruhe immer wieder von teils lebensgefährlichen Aufenthalten bei seiner zerstreuten Gemeinde in Lissa und Oberungarn unterbrochen. Aber hier in Schweden und später in den Niederlanden, fernab von seinen Liebsten, kann er mehr für sie tun als bei ihnen. Denn durch seine Dienste in Schweden und den Niederlanden unterstützen diese Länder seine Gemeinde finanziell und militärisch beim Überleben im Exil. Doch obwohl Comenius dies ganz genau weiß, wird ihn sein Fernsein von den Gemeindemitgliedern, die ja in größter Gefahr leben, immer wieder in höchste seelische Not bringen.

Es gibt ein Grundproblem in der Zusammenarbeit zwischen Schweden und Comenius. Beide Seiten verbanden unterschiedliche Ziele mit dieser Zusammenarbeit. De Geer und der schwedische Reichskanzler Axel Oxenstierna (1583-1654), abgeschwächt auch die schwedische Königin Christine (1626-1689), erwarteten von Comenius eine Reform des schwedischen Schulwesens, denn Handel und Produktion im Lande brauchten gebildete, geistig und sprachlich wendige Bürger. Auch war Comenius als Schlichter in Religionsstreitigkeiten unter den Anhängern verschiedener evangelischer Bekenntnisse gefragt, denn auch solche Streitigkeiten störten Handel und Wandel im Lande. Die schwedischen Geistlichen waren Lutheraner, die vielen böhmischen und mährischen Fremden im schwedischen Heer vor allem Kalvinisten. Comenius als Leiter der Brüderunität stand dem

Kalvinismus nahe und vermochte so, aber auch wegen der gleichen Nationalität wie diese Fremdsöldner, zu vermitteln. Denn während die Lutheraner am evangelischen Bekenntnis betonten, dass der Mensch bei Gott allein wegen seines Glaubens und nicht wegen seiner guten Werke angenommen wird, stellten die Kalvinisten am evangelischen Bekenntnis heraus, dass Gott den Lebensweg von jedem Menschen vorherbestimmt hat und der Mensch an seinem Wohlergehen und Wohlstand sein Wohlgefallen bei Gott ablesen könne. Um hier nicht in einen innerevangelischen Streit zu geraten, sprachen die schwedischen Gastgeber des Comenius weder vom lutherischen noch vom kalvinistischen Bekenntnis. Vielmehr betonten die Schweden die gemeinsame Wurzel zwischen ihnen und Comenius bei Jan Hus und lobten ihren Gast als einen „Hussiten". – Die Interessen des Comenius an einer Zusammenarbeit mit den Schweden gingen in eine andere Richtung. Außer der Unterstützung der Brüderunität durch die Schweden wollte Comenius Ruhe für die weitere Ausarbeitung seiner Schriften zur „Allweisheit" – nicht zur Reform des Schulwesens Schwedens! Konnte diese Zusammenarbeit so ungleich Interessierter gut gehen?

Jedenfalls gewährte Schweden Comenius eine komfortable Arbeitsstätte in Elbing im nahen Herzogtum Preußen. Die preußischen Küsten und auch Elbing selbst waren von Schweden besetzt.

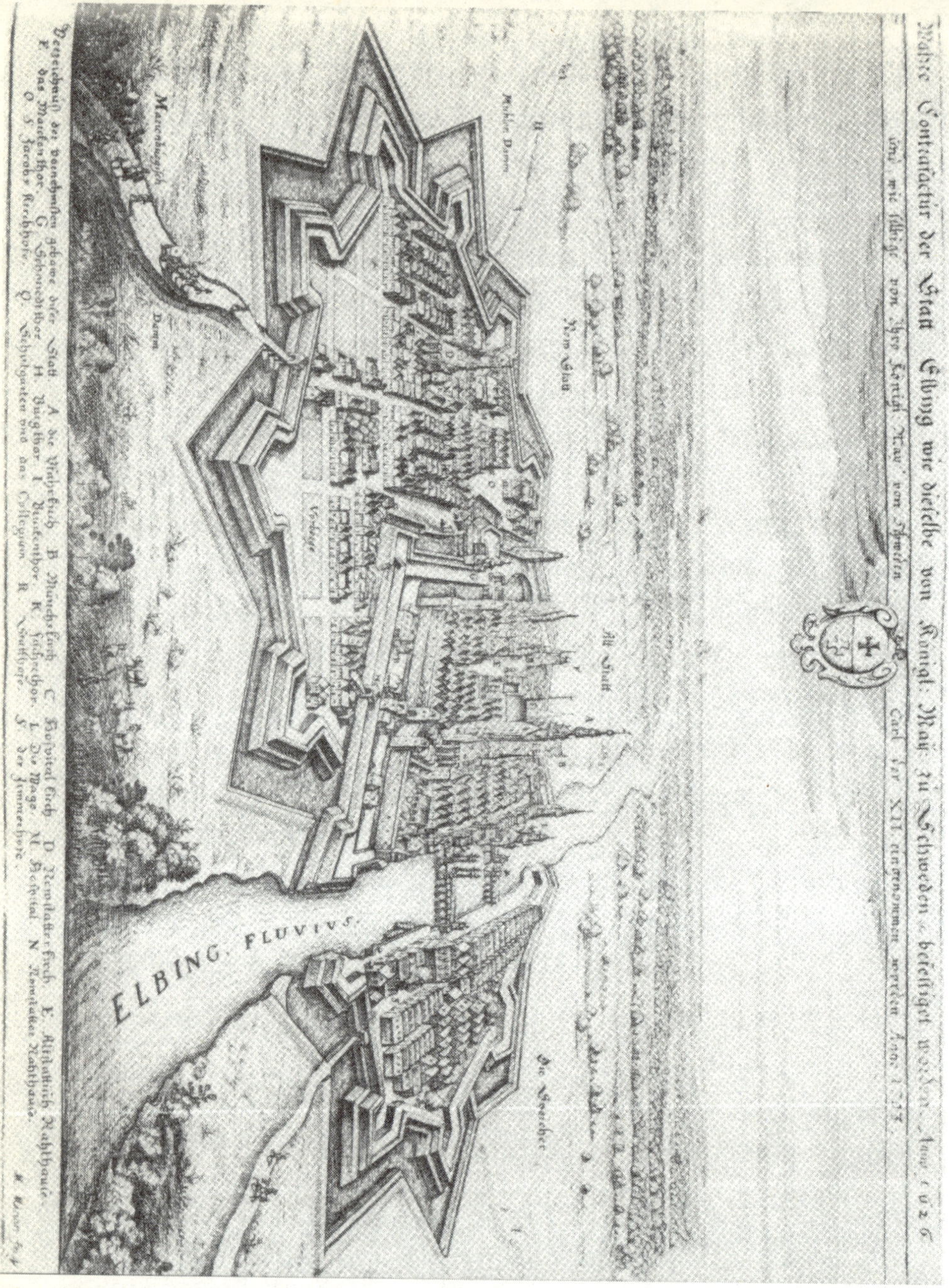

Abb. 13: Elbing mit seiner Befestigung durch die Schweden aus dem Jahr 1626, gemalt 1703. Durch die sternförmige Mauer konnten besonders viele Sodaten in vorderster Reihe stehen.

Preußen war in Religionsfragen unparteiisch und tolerant, so dass auch auf dieser Ebene keine Störung der Arbeitsruhe für Comenius in Elbing drohte. Übrigens blieb Preußen auch später für seine religiöse Toleranz bekannt. Daran hat sich in dieser Region bis heute nichts geändert. Wegen der religiösen Freizügigkeit Preußens unter dem Preußenkönig Friedrich dem Großen (1712-1786) siedelten Religionsflüchtlinge aus ganz Europa dort an und verhalfen Preußen mit zum blühendsten Staat im deutschen Reich. Noch heute können in Potsdam das damalige Stadtviertel von religiös Verfolgten aus den Niederlanden und das Viertel der Hugenotten, das sind aus ihrer Heimat vertriebene französische Protestanten, besucht werden. Und noch heute ist Brandenburg das einzige Bundesland Deutschlands, in dem es ein Schulfach zum Kennenlernen verschiedener Religionen als Pflichtfach in der Schule gibt. Welchen Kontrast erlebt also schon Comenius im freiheitlichen Preußen im Vergleich zum kriegsgebeutelten England!

Doch nach einigen Jahren, in denen Comenius keine erwarteten Ergebnisse zur Schulerneuerung Schwedens abgibt, werden Gönner de Geer und Reichskanzler Oxenstierna ungeduldig. Es kommt zu scharfen Briefen und unangenehmen Unterredungen. Schließlich wird in Schweden eine Schulerneuerung nach älteren Plänen der Universität Uppsala und nicht nach Comenius durchgeführt. Comenius zieht sich zurück nach Lissa. Beim Westfälischen Friedensvertrag nach Ende des dreißigjährigen Krieges 1648 setzt sich Schweden nicht für ein protestantisches Böhmen ein, auch weil es am Ende des Krieges den Habsburgern militärisch nicht mehr so überlegen war und Zugeständnisse machen musste. Erinnerst Du Dich, wie sehr dies Comenius getroffen hat?

De Geer bricht aber mit Comenius keinesfalls. Noch bis 1655 vermag er Lissa militärisch zu schützen und ruft Comenius, als Lissa 1656 an den polnischen katholischen Adel verloren geht, nach Amsterdam, wo er ihm einen goldenen Herbst seines Lebens finanzieren wird.

Verstehensaufgaben

Wie am Ende von Kapitel 1 folgen jetzt Verstehensaufgaben zum vorangegangenen Kapitel. Die Lösungen findest Du hinten S. 93.

2.1 Erstelle eine zweispaltige Tabelle und stelle die Gegensätze in Erziehung und Unterricht im damaligen Katholizismus und bei Comenius paarweise nebeneinander.

2.2 In welche Stufen ordnet Comenius alle Sachverhalte auf Erden und wie hängen diese Stufen zusammen?

2.3 Weshalb funktionierte die Zusammenarbeit zwischen Comenius und Schweden nicht? Benenne das grundsätzliche Problem und nenne einige Beispiele.

Wahrheit, Gerechtigkeit, Frieden

Du hast schon erfahren, wie Comenius die Erneuerung von Erziehung und Schule ab 1631 nur noch als Mittel zur „Besserung der menschlichen Dinge“ ansah, aber nicht mehr als das Ziel seiner Bemühungen. Ab dieser Zeit hatte Comenius zunächst die Vorstellung, wenn der Mensch alles Wissen und alle Einsichten der Menschheit auch in den Zusammenhängen überblicken könnte, würde er in dieser „Allweisheit“ wie „von selbst“ nach einer für alle Menschen gleichermaßen geltenden Wahrheit, Gerechtigkeit und Friedfertigkeit denken und handeln. Das Ergebnis wäre dann ein anhaltender Weltfriede.

Später erkennt Comenius, dass diese „Allweisheit“ nur einer von sieben Bausteinen zur Besserung des Menschen ist und sein Lebenswerk noch umfassender auszuarbeiten sei. Er will dieses Werk bis zum Ende des schließlich 30 Jahre dauernden Krieges vorlegen, um die Menschheit sogleich in einen andauernden Frieden führen zu können. Als er dies nicht erreicht, will er sein Ziel bis zum Ende seines Lebens verwirklichen. Dafür arbeitet er die letzten 14 Jahre seines Lebens in Amsterdam von 1656 bis 1670 fieberhaft.

Die Suche nach dem gesamten Wissen

Menschen, die sich für ein Gesamtwissen der Menschheit interessierten, gab es zur Zeit von Comenius öfter. Comenius hatte als junger Student in Herborn solche Leute schon unter seinen Professoren gehabt und war damals schon von deren Arbeit begeistert. Comenius geht es aber um mehr als um eine Zusammenstellung des gesamten Wissens. Er will zeigen, dass alles Wissen „eine zusammenhängende Ordnung von Anfang bis Ende“ hat und nur deshalb „jede [einzelne] Sache völlig im Licht stehen“, das heißt: verstehbar sein, könne. Erinnere Dich daran, wie Comenius den antiken Philosophen Platon schätzte. Das hilft jetzt wieder zum besseren Verstehen der Ansichten von Comenius: Alles Wissen habe eine einheitliche Ordnung. Denn diese Einheitlichkeit in allem kommt von der Vollkommenheit, die Platon die göttliche Idee nannte, an der jede Sache und jeder Sachverhalt mehr oder weniger Anteil hat. Comenius hat sich dieses Eine in allem als Kraft, als Energie vorgestellt. Vollkommenes müsste dann ja voller Energie sein und sich bei so viel Energie dann ewig bewegen können. So beginnt Comenius ein in sich ewig Bewegendes, ohne dass von außen Energie zugeführt wird – man nennt das ein perpetuum mobile – bauen zu wollen. Stell Dir vor, es gebe heute solch ein Gerät! Die Welt hätte auf einen Schlag alle Energieprobleme und alle daraus entstehenden Umweltprobleme los! Comenius bemüht sich aber nicht deshalb um solch ein Gerät. Würde er es bauen können, hätte er vielmehr bewiesen, dass es einen einheitlichen „Stoff“ in allen Dingen und Sachverhalten geben muss, mehr oder weniger abgestuft bis zur Reinform, und also alles mit allem in Beziehung stünde und eine von Anfang bis Ende geordnete „Gesamtweisheit“ wäre. Dann müsste es auch möglich sein, jede einzelne Meinung auf ihren Grad an vollkommener Wahrheit, Gerechtigkeit und Friedfertigkeit, gewissermaßen ihre „Energie“, zu durchleuchten, damit der Vertreter dieser Ansicht sich eventuell korrigieren kann. So – jedenfalls in der Hoffnung von Comenius – müsste es möglich sein, über die „Allweisheit“ schließlich „das ganze Menschengeschlecht auszusöhnen“. – Comenius findet dieses perpetuum mobile, dieses sich ewig Bewegende, nicht; seine Überzeugung von der Einheit allen Wissens verliert er deshalb aber trotzdem nicht.

Zum Frieden braucht es mehr als Wissen

Je mehr seine Arbeit über die „Allweisheit“ wuchs, desto klarer merkte Comenius, dass Wissen und Weisheit doch noch nicht direkt zur Friedfertigkeit des Menschen führen. Also war auch die „Allweisheit“ noch nicht das *Ziel*, sondern wiederum erst ein *Mittel*, ein Baustein zur Besserung der Menschheit. Die „Allweisheit“ musste um weitere „menschliche Dinge“ erweitert werden, sollte das Ziel einer anhaltend friedfertigen Menschheit erreicht werden. Comenius weiß: „Die Allweisheit wird nur ein Siebentel des Werkes ausmachen.“

Sieben „Dinge“ – etwa Begabungen, Fähigkeiten, Talente, Kompetenzen – braucht ein friedfertiger Mensch. Zunächst ist da (1.) die „Erweckung“ des Menschen aus seiner Teilnahmslosigkeit durch Besserung von Verstand, Willen und Handlungsfähigkeit. Oh, wie nützlich wäre heute bereits dieser erste Schritt angesichts unserer Teilnahmslosigkeit zum Beispiel am Schicksal der Hungernden in der Welt, der Verarmten oder des Raubbaus an unserem Planeten. Findest Du nicht auch wie Comenius, dass sich ohne diese Fähigkeit zum Mitgefühl und zur Teilhabe an der Lage Anderer gewiss nichts zum Besseren wenden wird? Dem folgt bei Comenius (2.) die „Erleuchtung“, die gelungen ist, wenn der Mensch Erkenntnis mithilfe von dreierlei „Laternen Gottes“ erwirbt: der Natur, den Sinnen und den heiligen Schriften. Du hast ja eben, zum Beispiel beim Betrachten des Siegels von Comenius, gesehen, wie der Blick in die Natur Anregungen für die Besserung des Menschen geben kann. Und gewiss erinnerst Du Dich, wie die Sinne die Grundlage für die Erziehung und Schulung des Menschen sind. Da „Erleuchtung“ im Unterschied zur „Erweckung“ für Comenius aber nicht nur ein vernünftiger, sondern ein geistiger Vorgang ist, zieht er auch die heiligen Schriften zu Rate. Nun folgt (3.) die „Allweisheit“, danach (4.) die „Pflege“ der menschlichen Bildungsmöglichkeiten, was ja bereits oben zu Erziehung und Schulunterricht ausgeführt wurde. Wichtig für eine auf der ganzen Welt gleichermaßen hilfreiche Besserung des Menschen ist für Comenius (5.) die Entwicklung einer weltweiten Gesamtsprache, die zu den Stammes- und Nationalsprachen hinzutritt und eine gemeinsame Kultur der Menschen vorbereitet. Denn die Menschen sind sich zwar in ihren Anlagen weltweit sehr ähnlich, konnten diese Ähnlichkeit aber auch deshalb nicht zum Frieden einbringen, weil die verschiedenen Sprachen zu Missverständnissen oder Nichtverstehen führten. Erst nachdem all dies beim Menschen entfaltet ist, kann es (6.) zur „Gesamtbesserung“, das heißt zu Wahrhaftigkeit, Gerechtigkeit und Friedfertigkeit des Menschen und der Menschheit kommen. Diese Stufe bildet den Schwerpunkt und das Ziel der gesamten Entwicklung. Zuletzt geht es (7.) nur noch um Ermahnungen und Lob zur Sache.

In den ganzen Bemühungen von Comenius um die „Besserung der menschlichen Dinge“ wird deutlich, wie der Gelehrte erkennt, dass ein Gesamtwissen bzw. „Allweisheit“ noch lange nicht zur Friedfertigkeit führt. Auffallenderweise will Comenius nun aber den Menschen nicht moralisch weiter entwickeln oder gar belehren. Das ist der Stil unserer Gegenwart, überall dort, wo man Mängel sieht, den Menschen moralisch zu belehren. Das fängt an bei Ethikunterricht in der Schule und endet bei Ethikkommissionen für die Beratung von Politikern und Wissenschaftlern. Laut wird nach einer Minimalübereinstimmung in der Gesellschaft zu Fragen der Moral gerufen. Über Moral verliert Comenius kein Wort; sie wird sich am Ende der „Besserung“ wie „von selbst“ einstellen. Denn freilich sind Wahrheit, Gerechtigkeit, Friedfertigkeit hochmoralische Werte. Aber Comenius fördert den Menschen in seinen seelischen und geistigen Anlagen, das heißt in Verstand, Wille, Kraft zum Handeln, Natürlichkeit, Empfindsamkeit der Sinne, Geist, Weisheit, Bildung. Die gute Moral wird sich dann ergeben.

Comenius hat also nach einiger Zeit, in der er das gesamte Wissen der Menschheit zusammenzustellen begann, erkannt, dass Gesamtwissen bzw. „Allweisheit“ beim Menschen noch nicht zu den genannten drei Königstugenden führt. Deshalb hat er die Wissenskunde mit der Menschenkunde und dem Gottesglauben verbunden. Vielleicht leuchtet Dir diese Verbindung ja ein. Überlege einmal! Zum Beispiel kennst auch Du möglicherweise Menschen, die sehr viel wissen, aber als Mensch doch recht zweifelhaft sind. Wissen bzw. Weisheit allein reicht eben nicht zum Gutsein.

Diese Vermischung von Wissen, das über die Vernunft erworben wird, und seelisch-geistigen Fähigkeiten, die im miteinander Leben wachsen, hat Comenius auch Kritik eingebracht, weil es sich um zwei sehr verschiedene Bereiche handelt. Wissen ist für jeden gleichermaßen als richtig oder falsch einzustufen; eine seelisch-geistige Fähigkeit, wie zum Beispiel Willen, empfindet der eine als Bereicherung, der andere als hinderlich und redet vom Sturkopf. Bei der Vermischung ist nun überhaupt nicht mehr klar, was eigentlich sicher gewusst werden kann und was nur vermutet oder erhofft wird. Überlege einmal, ob Du zu dieser schwierigen Frage, ob Verstand bzw. Wissen einerseits und Glauben bzw. Hoffen andererseits miteinander verbunden oder doch besser getrennt bleiben sollten, jetzt schon eine Meinung hast. Fallen Dir Gründe für die Verbindung und für die Trennung beider Bereiche ein? Bist Du eher für oder eher gegen diese Verbindung? – Zu diesem Problem wirst Du jetzt noch mehr aus dem Leben von Comenius erfahren.

Zunächst sei herausgestellt, dass es durchaus segensreich sein kann, Vernunft und Glauben miteinander zu verbinden. Wie Du weißt, war die Pest, dieser schwarze Begleiter des Krieges, zur Zeit von Comenius ein großes Problem. Comenius selbst hat seine eigenen Eltern, zwei Schwestern und später auch seine erste Frau samt den gemeinsamen Kindern auf diese schreckliche Weise verloren. Einmal brach in

Lissa, dem polnischen Ort, wo sich Comenius mit seiner Brüdergemeinde vor dem Krieg hingeflüchtet hatte, die Pest aus. Die Bevölkerung trieb die pestkranken Mitbewohner aus dem Ort, auch weil sie die Pest als Strafe Gottes deuteten. Comenius aber und seine Glaubensgemeinde wussten, das es jetzt auf Hygiene ankommt und darauf, die Belastungen für die Kranken so gering wie möglich zu halten. Diese Betreuung ließen die Mitglieder der Brüderunität auch den betroffenen Einheimischen im Ort zukommen. Und tatsächlich waren Sterbe- und Ansteckungsrate ab da gesunken. Das ist ein Beispiel, wie die Trennung von Glaube und Vernunft Unheil anrichten kann und besser beides miteinander verbunden werden sollte.

Wie gesagt wurde Comenius aber auch kritisiert, weil die Verbindung von Vernunft und Glaube die Erkenntnisfähigkeit des Menschen verwirren kann. Erinnerst Du Dich, wie um eine ähnliche Verbindung über 100 Jahre vor Comenius bereits Luther und Erasmus stritten? Damals meinte Luther, der menschliche Wille müsse sich immer wieder von Gott neu überprüfen, „knechten", lassen; Erasmus meinte dagegen, der Wille sei völlig „frei". Luther war also für die Verbindung des menschlichen Willens mit dem Glauben, Erasmus streng dagegen. Wie damals Luther, so musste jetzt auch Comenius seine Überzeugung verteidigen, dass der Mensch seine eigenen Fähigkeiten wie Verstand oder Wille mit dem Glauben verbinden soll. Jetzt war es René Descartes, wie Erasmus 100 Jahre vor ihm nun ebenfalls ein großer Denker in Europa, der diese Kritik an Comenius äußerte. Comenius und Descartes trafen sich Mitte 1642 bei der Stadt Leiden in den Niederlanden, als Comenius auf der Reise zu seinem Gönner de Geer nach Schweden war. Die beiden Gelehrten waren bei ihrem Wortstreit umringt von vielen Beobachtern, wie von Zuschauern in der Box-Arena. Descartes war von der alleinigen Stärke des Verstandes überzeugt und empfahl, kein Wissen ungeprüft zu übernehmen, sondern alles zu bezweifeln und selbst neu über alles nachzudenken. Stell Dir einmal vor, Du würdest dies auch nur einen Tag lang konsequent machen. Wie anstrengend das wäre! Diese Vorstellung kann Dir zeigen, wie viel Wissen und Behauptungen Du also tagtäglich einfach übernimmst, ohne dies selbst zu hinterfragen. Versuche Dich einmal an diese Regel von Descartes zu halten, alles zu bezweifeln und selbst neu zu durchdenken. Du wirst sehen, es ist nicht nur sehr anstrengend, sondern für die eigene Vernunft und Meinung auch sehr anregend. Descartes war also gegen die Verbindung von Vernunft und Glauben, von Wissenschaft und Religion, weil im Glauben und der Religion nichts sicher und zweifelsfrei sein konnte. Comenius verband beides, denn was nutzte noch so sicheres Wissen, wenn es nicht zum Guten angewendet wird? Descartes betrieb Wissenskunde also um der Wissenskunde, als Selbst*zweck*. Für Comenius hatte Wissenskunde selbst keinen Zweck, sondern sollte *Mittel* zur Besserung der Menschheit sein. – Ach ja, von wegen Box-Arena. Descartes und Comenius waren beide nicht daran interessiert, dass aus dem Streitgespräch ein Sieger hervor geht. Am Ende freuten sie sich beide über ein gutes Gespräch.

Ist Frieden möglich?

Comenius kennt jetzt einen Weg, wie anhaltender Friede erreicht werden könnte. Wenn jeder, siebenfach gefördert, erkennt, was wahr und gerecht ist, wird „von selbst“ niemand mehr Unversöhnliches tun. Das muss Comenius den Politikern Europas mitteilen. Gelegenheit dazu gab es mehrfach, zum letzten Mal in seinem Leben in einem Krieg zwischen den Niederlanden und England vor 1667. Dieser Krieg ist für Comenius besonders belastend, da beide Länder vormals in schweren Zeiten seine Brüderunität unterstützten, er selbst mit beiden Ländern zusammen arbeitete, noch jetzt Freundschaften in beiden Ländern pflegt und zudem gerade Gast in den Niederlanden ist. Es muss ihm vorkommen wie der Streit zwischen zwei Geschwistern in der eigenen Familie. Besonders verwerflich findet Comenius den Kriegsgrund, denn es geht um Besitz und Ausbeutung ferner Länder, um „afrikanisches Gold und amerikanisches Silber und asiatische Perlen und Edelsteine“ sowie „seidene Stoffe“, die durch Unterwerfung Dritter, sogenannter Kolonien, erobert werden. Klipp und klar nennt Comenius dieses Vorgehen „Raub“. Zu diesem Zweck führten die Kriegsparteien gigantische Seeschlachten um die Herrschaft auf den Meeren, den damals wie heute wichtigsten Handelswegen.

Abb. 14: Wenzel Hollar (+ 1677): Seeschlacht zwischen Engländern und Niederländern auf der Themse.
Hollar fertigte auch Zeichnungen in den englischen Drucken von Comenius-Schriften sowie den Kupferstich von Comenius oben S. 11. Wie Comenius ist Hollar ein Vertriebener aus Böhmen, der sich in England niederließ. Hollar ist bekannt für seine Detailvielfalt und -treue.

Comenius verwirft nun aber nicht die Errungenschaft, sich auf offenem Meer zu orientieren, sondern den Missbrauch der Menschen, dieses Wissen für den Krieg zu nutzen. Damit ist Comenius mitten in einer bis heute immer wichtiger gewordenen Diskussion. Denke nur an die heutigen technischen Möglichkeiten von der Atombombe bis hin zu Forschungen an Ungeborenen und die damit verbundene Frage, ob denn der Mensch alles erkunden und wissen darf, was er kann. Comenius würde mit „Ja“ antworten und keine Erkundungen verbieten. Für ihn ist nicht das Wissen das Problem, sondern der Mensch, der dieses Wissen anwendet und vor der Wahl steht, damit Gutes oder Böses zu tun. Der Mensch bedarf daher der „Besserung“. So ist auch für Comenius „die nautische Kunst [sich mit Schiffen auf offenem Meer orientieren] ... eine ungeheure Gabe Gottes“ mit „Lebensvorteilen ...; deshalb darf man nicht an ihre Beseitigung denken, sondern an die Einstellung der Misswirtschaft, die sich mit ihrem Missbrauch [zur Kriegsführung] eingeschlichen hat“. Auch hier unterscheidet sich Comenius von der spätmittelalterlichen Welt, in der die Mächtigen das Wissen einfach verbieten wollten, das ihnen nicht passte und seinen Entdecker als Ketzer verbrannten.

Einen Monat bevor Comenius im Juni 1667 nach Breda, nicht weit von seinem Wohnsitz Amsterdam, reist, um die Friedensverhandlungen zwischen den kriegsführenden Niederlanden und England zu leiten, sendet er an die beteiligten Staatsmänner und an alle Konferenzteilnehmer ein Büchlein, in dem er seine, Dir inzwischen bekannten, Vorstellungen darlegt, wie Frieden möglich ist. Vor Ort in Breda vertieft er diese Vorstellungen vor allen Versammelten mündlich. Angesichts des damaligen Kolonialismus mit „Raub“ rund um die ganze Welt, geht es Comenius nicht nur um einen Frieden zwischen den Niederlanden und England, sondern in der ganzen Welt. Doch „wenn dies unser Ziel sein soll, so muss der Frieden zunächst unter uns in Europa hergestellt und gefestigt werden“. Und mit welchen Mitteln ist dies zu erreichen? Du könntest dies beantworten: „über die allmögliche [überall auf der Welt mögliche] Besserung der menschlichen Dinge [Fähigkeiten]“ in einer „Beratung des Menschengeschlechts mit sich selbst“. Und weiter redet Comenius den Politikern ins Gewissen:

> „Man wird dann erhoffen können, dass im ganzen Menschengeschlecht endlich über alle Dinge mit einer Stimme gesprochen wird, dass es im Willen Einvernehmen und im Träumen vom allgemeinen Glück Einklang geben wird. Nur wenn auf der Grundlage des gemeinsamen Wesens der menschlichen Natur, nämlich des Lichts der Sinne [der Fähigkeit, aus der Natur, der menschlichen Seele und der heiligen Schriften Erkenntnis zu schöpfen], alle Menschen gelehrt werden, die Wahrheit zu begreifen, werden alle das Gute wählen ...“

Comenius empfiehlt den Politikern also genau seine, Dir ja bekannte, Sicht der „Besserung“.

Tatsächlich unterzeichnen die Niederlande und England Ende Juni 1667 einen Friedensvertrag. Auch hat es sich gelohnt, dass Comenius von Anfang an nicht nur auf den Frieden zwischen beiden Ländern aus war, sondern die ganze

Welt mit einbezog. Die Niederlande entließen ihre nordamerikanische Kolonie „Neu Amsterdam“, das heutige New York, in die Unabhängigkeit. Auch löste das Land seine staatliche Gesellschaft zur Kolonisierung Afrikas auf, ein Unternehmen, mit dem der Gönner von Comenius Louis de Geer viel Geld eingenommen hat! – Comenius ist bestärkt, dass sein Plan der „Besserung“ ein taugliches Instrument für die Herstellung eines Weltfriedens sein kann. Es hat funktioniert.

Zurück in Amsterdam setzt sich Comenius, sein Lebensziel – ein Instrument zur Herstellung des Weltfriedens – erreicht, aber nicht zur Ruhe. Im Gegenteil ist ihm der Erfolg vermutlich Ansporn. Wie besessen arbeitet er seine letzten drei Lebensjahre an Teil 6 der „Besserung“ weiter. Sein Hausarzt, Dr. Tulp, warnt ihn des öfteren, ob er sich mit seiner Arbeitswut eigentlich selbst umbringen wolle. Tatsächlich ist der Tod nun sein Gast geworden. Sein Lebenslicht beginnt zu flackern.

Dem „Licht“ galt sein Leben lang das Hauptinteresse. Waren es nicht die dreierlei „Lampen Gottes“ – Natur, Seele, heilige Schriften – , die allen Menschen auf Erden Erkenntnis der Wahrheit, Gerechtigkeit und Frieden bringen? Und sprach er nicht auch in Breda von dem „Licht der Sinne“ als dem „gemeinsamen Wesen der menschlichen Natur“, das seiner Hoffnung auf Weltfrieden die Nahrung gab?

In diesen letzten Jahren seines Lebens wird Comenius oft von dem heute weltberühmten Maler Rijn van Rembrandt

(1606-1669) besucht, der in Amsterdam sein Nachbar war. Oft sitzen beide stundenlang zusammen, und dieses Licht in der Seele des Menschen sieht auch Rembrandt, wenn er Comenius lange betrachtet. Das Licht, diese edle Materie, sind beide begabt zu sehen. Und sie wissen voneinander. Der gottbegnadete Maler Rembrandt fertigt in Ölfarbe Porträts, bei denen der Betrachter den Gemalten nicht einfach anschaut, sonder der Gemalte ihm „einleuchtet". Schau Dir einmal Porträts von Rembrandt an, zum Beispiel in Kunstbänden in der Bibliothek. Verweile dabei. Vielleicht erscheint Dir der Gemalte wie lebendig und beseelt. Betrachte das Rembrandt-Porträt von Dr. Tulp, dem gemeinsamen Hausarzt von Comenius und Rembrandt.

Abb. 15a: Dr. Tulp (* 1593) im Jahre 1632, Gemälde von Rijn van Rembrandt (Ausschnitt). Als einzige Person mit Hut ist Dr. Tulp aus der Gruppe herausgehoben. Die Haltung seiner linken Hand zeigt ihn in der Rolle des Lehrenden, der auch feinste Beobachtungen klar und präzise formuliert. – Rembrandt hob sich von herkömmlichen Portraitmalern seiner Zeit ab, indem er die Person nicht vor allem wirklichkeitsgetreu malen wollte, sondern das Charakteristische der Person in Handlung und Haltung darstellte.

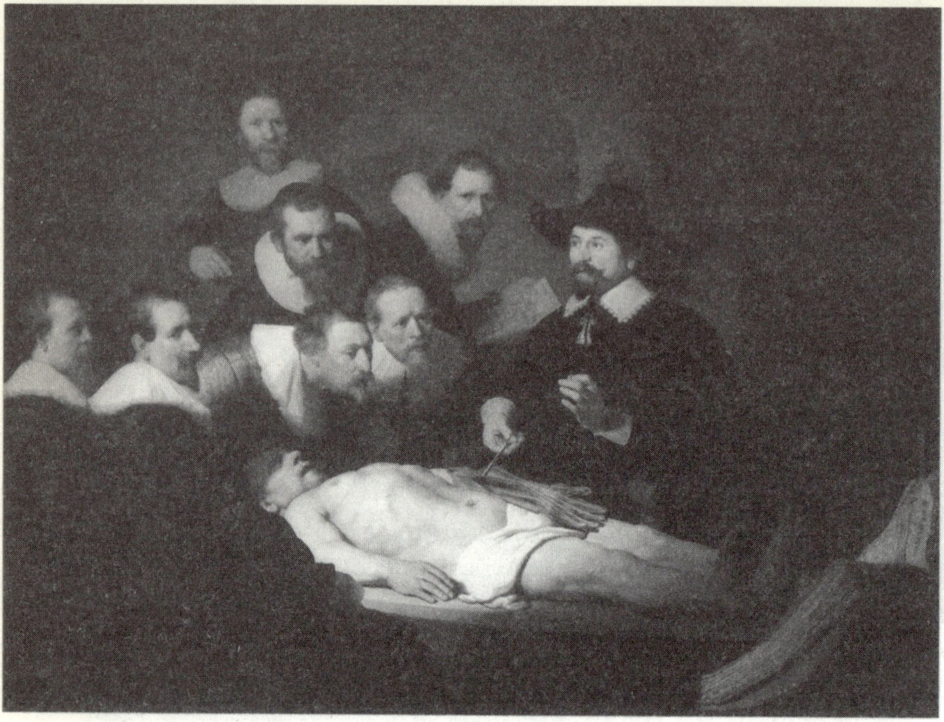

Abb. 15b: Die Anatomie-Lehrstunde des Dr. Nikolaes Tulp, 1632
Ölgemälde auf Leinwand von Rijn van Rembrandt; 162,5 x 216,5 cm; Original zu finden in Den Haag (NL), Mauritshuis. Die Anatomie möchte Heilverfahren finden, indem sie Leichen zergliedert und untersucht. Dr. Tulp hat ab 1631 öffentliche (!) Zergliederungen von Leichen durchgeführt und hat damit allen gezeigt, dass der Mensch kein geheimnisvolles, sondern ein erklärbares Lebewesen sei. – Zu sehen ist Dr. Tulp im Kreis berühmter Mitglieder der Amsterdamer Vereinigung der Chirurgen, deren Leiter Dr. Tulp ab 1631 war. Seziert, das heißt zergliedert, wird die Leiche von Adriaan Adriaanszoon, mit Gangsternamen Aris Kindt, der im Januar 1632 als Verbrecher in Amsterdam gehängt wurde. – Das Ölgemälde ist keine exakte Wiedergabe einer Begebenheit. Niemals hätte Dr. Tulp die Anatomie-Lehrstunde in dieser Kleidung durchgeführt, nur mit einem einzigen Instrument und ohne Assistenten. Auch wäre niemals zuerst der linke Arm zergliedert worden, sondern mit der Öffnung des Bauches und der Zergliederung der inneren Organe begonnen worden. Selbst die Gruppe muss so nie zusammen gekommen sein. – Das Bild will also vor allem ein Kunstwerk sein. In dieser Kunst hat das Licht eine wichtige Bedeutung. Licht, vor allem im Kontrast mit Dunkelheit, erzeugt Spannung, macht die Begebenheit zu einer aufregenden Szene und veranlasst den Betrachter zum genauen, interessierten Hinschauen. Im Licht werden die Personen tiefergehend wahrgenommen; es zeigt ihre Neugierde, aber auch ihre Scheu vor dem Tod.

Was Comenius über die Wissenschaft erkunden will, das allen Menschen gemeinsame „Licht" der Erkenntnis des Guten – in der Natur, der Seele und den heiligen Schriften –, demselben nähert sich Rembrandt über die Kunst an. Und beide sprechen miteinander darüber. Auch Du kannst an Rembrandts Bildern dieses „Licht" sehen lernen, diesen tiefergehenden Blick auf Deinen Mitmenschen mitsamt dessen Seele und Gemüt.

Als Rembrandt 1669 stirbt, ist Comenius im Urteil von Dr. Tulp zunächst zu schwach, um diese Nachricht aufzunehmen. Ein Jahr später wird Comenius Rembrandt folgen.

Weltpolitik ist erforderlich

Zu den dreierlei Lichtern der Menschheit – Wahrheit, Gerechtigkeit und Frieden – gehören für Comenius dreierlei tragende Säulen. Für die Wahrheit sollte künftig ein Weltparlament der Gelehrten zuständig sein, für Gerechtigkeit ein „Weltgerichtshof" und für Frieden ein Weltkonzil der Religionen. Mitglieder dieser drei Gremien sollten „hervorragende Menschen", „Hüter des Lichts" aus allen Stämmen, Völkern, Nationen und Religionen der Welt sein. Jedes Gremium sollte zudem einen „Vorgesetzten" in jedem Kontinent der Welt haben und wenige „Hüter" vor Ort in jedem Land der Welt. Die drei Säulen, also die drei Weltparlamente, sollten wiederum auf einem festen Fundament stehen, dem der von Jan Hus erdachten sozialen Demokratie. Es konnte ja nicht immer so weiter gehen wie in Breda, dass

Comenius als Moderator von Friedensgesprächen alle drei Gesichtspunkte einer Weltharmonie vertritt, schon gar nicht überall und zu jeder Zeit auf der Welt. Das Anliegen muss auf eine breite Grundlage, dem Zusammenwirken von mehreren Weltparlamenten, beruhen, wenn anhaltender Friede auf der Welt Wirklichkeit werden sollte.

Weltpolitik war es, davon ist Comenius nach dem Schock jahrzehntelanger Kriegserlebnisse fest überzeugt, was die Menschheit retten kann. Welch gigantischer Anspruch angesichts der Tatsache, dass allein das damalige Deutschland gerade jetzt in ungezählte kleine Herrschaftsgebiete zerfällt und seine Landkarte wie ein Flickenteppich aussieht. Selbst heute, 350 Jahre nach Comenius, arbeiten sich die Politiker noch mühsam an diesem Anspruch ab, und die inzwischen eingerichteten Vereinten Nationen, Europaparlament und weitere europäische Gremien sowie der Internationale Gerichtshof haben noch längst keinen weltweiten Einfluss, sind in sich schwache Gebilde und haben den einzelnen Nationen wenig vorzuschreiben. Comenius hatte sich mit der Einrichtung einer Weltpolitik wieder eine Herkulesarbeit vorgenommen: nach der Erarbeitung eines geordneten Gesamtwissens der ganzen Menschheit nun auch noch die Einrichtung einer Weltpolitik aller Nationen der Welt.

Zu den Aufgaben des Weltparlaments der Gelehrten, das für die Wahrheit zuständig sein sollte, gehörte es insbesondere, auf ein weltweit gutes Schulwesen zu achten, damit alle Menschen „auf angenehmem und geradem Wege“ zur Wahrheit geleitet würden. Weiterhin gehörte die „Fürsorge um die Bücher" zur Aufgabe dieses Gremiums, damit es „in keiner Nation und Sprache an Büchern fehlt" und „diese gut sind".

Der „Weltgerichtshof" soll nach Comenius „darüber wachen, wie alle den Friedensplänen folgen, ... verhüten, dass die Kriege ... wiederkehren ... Sie werden nicht jeder auf Ruhe in ihrer jeweiligen Nation achten, sondern die Ruhe in aller Welt im Auge behalten". Comenius will sagen, dass es den Mitgliedern dieses Gremiums nicht um das nationale Interesse ihres jeweiligen Herkunftslandes gehen kann, sondern um das Allgemeinwohl der Weltgemeinschaft. Diesem Gremium unterstehen weltweit die „Rathäuser, Tribunale [Gerichte], Parlamente". Und es soll ein „Universalrecht" erarbeiten, also ein Rechtsbuch, „das dem gesamten Menschengeschlecht in allen Fällen dienen wird". Es ist gewiss kein Zufall der Geschichte, dass der heutige Internationale Gerichtshof in den freigeistigen Niederlanden, nämlich in Den Haag, also einem damaligen Wirkungsort von Comenius, sitzt. Allerdings bleibt das heutige Gremium, das nur für die westliche Welt Geltung hat, hinter der Idee von Comenius eines „Weltgerichtshofes" deutlich zurück.

Das dritte internationale Gremium, das Weltkonzil der Religionen, hat darauf zu achten, „ob die Kirchen richtig die Herzen erwärmen". Dazu sollten sich alle Konfessionen „in einer einzigen Universalkirche" zusammen schließen. Nach dem Religionsfrieden in Europa – welch kühne Idee angesichts der jahrzehntelangen Bekenntniskriege in ganz Europa, die Comenius erdulden musste – sollte dieses Gremium den Frieden in der ganzen Welt entwickeln.

Verstehensaufgaben

Und weiter geht es mit Aufgaben zum vorangegangen Kapitel 3. Die Lösungen gibt es auch dazu hinten, auf S. 93. Viel Spaß!

3.1 Comenius hat es schrittweise immer umfassender gesehen, was für die Menschheit für anhaltenden Frieden notwendig ist. Beschreibe diese sieben Schritte.

3.2 Inwiefern braucht es zum Frieden mehr als das gesamte Wissen? Wer sah dies kritisch und mit welchen Argumenten?

Fast völlig entgrenzt denken

Comenius hat bei der Reform des Schulunterrichts begonnen und beim Weltfrieden geendet. Ständig hat er seinen Denkhorizont erweitert bis er schließlich zu einem fast völlig entgrenzten Denken vorgedrungen ist. Im Kleinen, dem Schulunterricht, wie im Großen, beim Weltfrieden, und in allen Reformschritten dazwischen, sieht er einen Zusammenhang und eine Ordnung.

Freilich ist auch Comenius ein Kind seiner Zeit geblieben, insofern er davon ausging, es gebe die eine Wahrheit, die jeder auf der Welt vertreten wird, wenn er nur genügend Einsicht in alle Zusammenhänge hätte. Damit bleibt Comenius der Einheitsgesellschaft seiner Zeit verhaftet. Heute wissen wir, dass es diese Eindeutigkeit der Wahrheit nicht gibt. Wir leben in einer Welt der Vielfalt, die weiß, dass Wahrheit immer von der Kultur und den Interessen der einzelnen Menschen und Gemeinschaften abhängig ist. Allerdings muss jeder, will die Menschheit überleben, erkennen, dass auch die eigene Wahrheit nur begrenzt und nicht für alle gültig ist. Deshalb ist der Vergleich und der Ausgleich der Interessen notwendig, um zu einer gemeinsamen Überlebensstrategie zu finden. Denke nur an Umweltverschmutzung, Endlichkeit der Roh- und Energiestoffe, Bedrohung durch Atomkrieg und vieles mehr! Insofern geht es um eine Einheit in der Vielfalt. Und bei dieser Aufgabe, die speziellen eigenen Interessen auf ihre Allgemeinverträglichkeit und damit ihre Allgemeinberechtigung zu durchleuchten, kann der Weltbürger Comenius helfen.

—

Hat Dir dieses Buch gefallen? Würdest Du gerne mehr in diesem Stil erzählender Geschichte lesen? Dann hast Du zwei Möglichkeiten. Entweder noch mehr über Comenius zu erfahren oder Überblick über einen noch größeren Zeitraum als lediglich das 15. bis 17. Jahrhundert zu erhalten. Im ersten Fall geht es mehr in die Tiefe, im zweiten mehr in die Breite. Im ersten Fall empfehle ich Dir den Comenius-Roman von Miloš V. Kratochvíl: Comenius. Roman eines Lebens, 1984. Du kannst das Buch in der Bibliothek ausleihen oder im Internet recht billig erwerben. Im zweiten Fall lies bitte das ebenso geniale Buch von Ernst H. Gombrich: Eine kurze Weltgeschichte für junge Leser (1935), 2008. Von beiden Büchern habe ich sehr viel gelernt und sie haben mir beim Verfassen des vorliegenden Buches sehr geholfen.

Es folgt jetzt noch ein Anhang, in dem das Leben von Comenius seinem zeitlichen Ablauf nach geordnet dargestellt wird. Die Darstellung im Buch hat sich nicht an der zeitlichen Abfolge der Geschehnisse orientiert, sondern an verschiedenen Themen. Dieser Weg wurde gewählt, damit Du Comenius tiefergehend, also auch die Beweggründe seines Handelns und die Vielschichtigkeit seines Denkens, kennen lernst und nicht so sehr nur oberflächlich den äußerlichen Verlauf seines Lebens. Wenn Du jetzt den Lebenslauf von Comenius liest, kann dies aber eine nützliche Wiederholung und Vertiefung zu dem sein, was Du in diesem Buch erfahren und gelernt hast.

Anhang 1: Kommentierter Lebenslauf von Johann Amos Comenius (1592-1670)

Kindheit und Jugend (1592-1611)

28.03.1592 Geburt in ***Niwnitz*** (Markgrafentum Mähren) als Sohn eines wohlhabenden Bürgers und führenden Mitglieds der Ortsgemeinde in Komná der böhmischen (= mährischen) Brüderunität; aufgewachsen in ***Ungarisch Brod*** (Markgrafentum Mähren; beide Orte liegen heute in Tschechien).

Bei der Brüderunität handelt es sich um eine evangelisch-freikirchliche Gemeinschaft, die sich ca. 200 Jahre vor der Zeit des Comenius (1457) aus Anhängern des tschechischen Vorreformatoren Jan Hus (+ 1414) bildete. Wichtig sind ihr die Meinungs- und Gewissensfreiheit und ein tugendhaftes Leben; sie schätzt demokratische Gemeinschaften und hat als oberste Leitung statt eines Bischofs einen Rat aus vier Senioren. Zunächst noch der katholischen Kirche nahe, wandte sich die Gemeinschaft ab 1570 den Lutheranern und Reformierten, z. B. den Kalvinisten, zu. Hierbei handelt es sich um zwei Ausrichtungen des evangelischen Bekenntnisses, von der die lutherische Richtung betont, dass der Mensch von Gott allein wegen seines Glaubens und nicht wegen seiner guten Werke angenommen wird, während der Kalvinismus hervor hebt, dass der Mensch an seinem Wohlstand sein Wohlgefallen bei Gott erkennen kann. Als Bischof bzw. Senior der böhmischen Brüder und in 24jähriger Ehe verheiratet mit der Tochter eines Seniors der Brüdergemeinschaft, bleibt Comenius

	zeitlebens in dem Beziehungsgeflecht seines Vaters.
1602	Tod des Vaters an der Pest.
1603	Tod der Mutter und zweier Schwestern an der Pest.
1603- vor 1608	Jugendzeit bei einer Schwester des Vaters in ***Straßnitz*** (Markgrafentum Mähren) an der mährisch-slowakischen Grenze. Besuch der Schule der Brüderunität. *Wegen des siebenbürgischen-ungarischen Aufstands des protestantischen Adels gegen den immer mehr aufkommenden habsburgischen katholischen Adel in Mähren:*
ca. 1608	Flucht der Adoptivfamilie nach ***Niwnitz.***
1608-1611	Lateinschule in ***Prerau*** (Markgrafentum Mähren).

Studienjahre (1611-1614)

	Einer Tradition der mährischen Angehörigen der Brüderunität folgend:
1611-1613	Studium der Theologie an der kalvinistischen Universität ***Herborn*** (Fürstentum Nassau). Im sich immer weiter aufschaukelnden Konflikt zwischen dem katholischen Habsburg und den protestantischen Reichsfürsten und Reichsstädten schließen sich protestantische Nachbarländer Deutschlands, wie Schweden und die Niederlande, dem protestantischen Bündnis an. Niederlande als moderner, freigeistiger Staat nicht weit von Herborn lockte:
1613-1614	***Amsterdam*** (Vereinigte Niederlande).

	Und wieder einer Tradition der mährischen Angehörigen der Brüderunität folgend:
Mitte 1613	Studium in **Heidelberg** (Kurpfalz).
	Zwischenstopp auf der Rückkehr in die Heimat:
1614	***Prag*** (Königreich Böhmen). Besuch der Bethlehemskapelle, in der einst (vor 1415) Jan Hus predigte. Unterkunft im Seminar der Brüderunität.

Berufsleben in der Heimat (1614-1622)

1614-1618	***Prerau***
1614-1617	Rektor der Lateinschule der Brüderunität
1616	Priesterweihe im jüngsten möglichen Alter von 24 Jahren.
1618-1621	Prediger in **Fulnek** (Markgrafentum Mähren)
1618	Erste Ehe mit Magdalena Vizovská, Tochter des Verwalters eines Hofgutes von Comenius' Gönner in Fulnek (Karl d. Ä. von Zerotin). Geburt des ersten Kindes
1621	*Der 30jährige Krieg erreicht Fulnek*

Leben im Exil (1622-1641)

	Aufgrund der Kriegswirren muss Comenius Fulnek verlassen; seine Familie bleibt zurück. Er flieht in den Herkunftsort und die Besitzung seines mährischen Gönners.
Mitte 1622-1627	***Brandýs*** (Nordostböhmen, nahe Prag). In Fulnek wird von katholischer Seite Haus, Hab und Gut von Comenius niedergebrannt.

1622 Geburt und alsbaldiger Tod des zweiten Kindes.

1622 Tod des ersten Kindes und der Frau an der Pest.

Die böhmische Brüderunität muss in die Slowakei auswandern.

1624 Zweite Ehe mit Dorothea Cyrill, Tochter eines Seniors der Brüdergemeinde. Aus dieser Ehe gehen drei Töchter und ein Sohn hervor.

Reise nach Polen zur Erkundung eines neuen Aufenthaltsortes für die böhmische Brüdergemeinde. Lissa scheint geeignet.

Der protestantische böhmische König flüchtet nach der Niederlage im mährisch-böhmischen Krieg gegen die Habsburger ins niederländische Den Haag, wo er eine protestantische Verbindung von Truppen aus England, Niederlande, Dänemark, Schweden und Sachsen bildet; Comenius soll ihm dabei diplomatische Dienste leisten.

Mitte 1626 Reise nach ***Den Haag*** (Vereinigte Niederlande).

Das genannte protestantische Bündnis gegen die katholischen Habsburger wird besiegt. In Mähren und Böhmen wird jetzt die Rekatholisierung besonders brutal durchgesetzt. Die Brüderunität flüchtet in das von Comenius vorbereitete Exil nach Lissa in Polen.

1628-1640 ***Lissa*** (Polen), dort Lehrer am Gymnasium, Kantor und Prediger sowie Sekretär der böhmischen Brüderunität im Exil.

Ausarbeitung einer neuen Pädagogik, die nicht mehr auf die gläubige Übernahme des Bisherigen durch Auswendiglernen setzt, sondern vielmehr auf eine im Leben anwendbare, dem Verstand einleuchtende Bildung abzielt.

1631 Entsprechend bekämpfen die Brüderunität und er die Pest in der Stadt mit naturkundlichen und nicht, wie die katholischen Einheimischen, mit abergläubischen Mitteln.

Einsicht, dass das Erzieherische in das allgemein Menschliche eingebunden ist und alle Bildung eine auf die Gemeinschaft ausgerichtete Menschlichkeit zum Ziel haben soll. Künftig wird die Pädagogik nur noch im Dienste der „Allweisheit" von Interesse sein. Es handelt sich um eine literarisch produktive Phase, wodurch Comenius bei Gebildeten in ganz Europa und den USA bekannt wird.

ab 1632 Versuch, mit einer selbst hergestellten Maschine, die sich ohne Energiezufuhr von außen ewig bewegt (= perpetuum mobile), einen grundlegenden gleichen Antrieb in Allem und damit die Einheitlichkeit von allem Existierenden zu beweisen.

Einladung von Anhängern aus London, wo Comenius aufgrund von englischsprachigen Drucken seiner Schriften bekannt und geehrt ist. Das anglikanische England hat große Sympathien für den Protestantismus. Elizabeth I (1533-1603) hatte damals in einer Seeschlacht in schier aussichtsloser Lage die spanische Flotte geschlagen, damit den Katholizismus sowie das Kaiserreich der Habsburger stark geschwächt und in England den Anglikanismus wieder hergestellt. Die anglikanische Kirche ist ein Mittelweg zwischen katholischer und protestantischer Konfession mit dem Ziel, den Religionsfrieden zwischen beiden Seiten wieder herzustellen, was in England zunächst gelang, allerdings nicht mehr zur Zeit des Comenius.

Als geehrter Gast in der Welt (1641-1648)

1641 **London** (England). Im englischen Parlament (Unterhaus) werden Pläne gefasst, Comenius als Gelehrten anzustellen. Entsprechende Angebote erreichen ihn auch aus Frankreich und den USA. Der irisch-englische Krieg über die Frage der Zugehörigkeit Irlands zu England vereitelt dies alles. *Wegen dieses Krieges muss England auch das anti-habsburgische Bündnis verlassen.* Comenius folgt einer Einladung ins protestantische Schweden, weil er hofft, dass der schwedische König und sein Heer seine mährisch-böhmische Brüdergemeinde in der Heimat gegen die Habsburger am ehesten unterstützen könnte. Schon hatten die Schweden Ölmütz zurück erobert!

8/1642-1648 ***Stockholm und Elbing***

6-7/1642 Auf der Hinreise nach Schweden macht Comenius Halt in ***Den Haag,*** immer noch einem Aufenthaltsort mährischer und böhmischer Exilanten und bei der Stadt ***Leiden*** (Vereinigte Niederlande), wo es zu einem Treffen mit René Descartes kommt. Dies ist der vielleicht bedeutendste Gelehrte seiner Zeit, der das Denken als das Grundlegendste für den Menschen erachtet. Er lobt die Arbeiten von Comenius, die er aber noch zu sehr vom Glauben, der durch das Denken nicht unbedingt nachvollziehbar ist, geprägt sieht. Descartes war gegen die Vermischung von Wissenschaft mit irgendwelchen dem Denken nicht voll verfügbaren Anliegen; für Comenius dagegen war die Wissenschaft nur *Mittel*, um zu einer allgemein geltenden Menschlichkeit zu gelangen.

In ***Stockholm*** (Schweden) verabredet Comenius eine längere Wirkungszeit in schwedischen Diensten.

10/1642-1648 In ***Elbing,*** im nahen Herzogtum Preußen, dessen Küsten von Schweden besetzt sind, verfasst Comenius Sprachlehrbücher nach seiner neuen Pädagogik, mit dem Ziel, das schwedische Schulwesen grundlegend zu reformieren. Comenius beginnt jedoch alsbald damit, das gesamte Wissen seiner Zeit zusammen zu stellen und in Beziehung zueinander zu bringen, also eine „Gesamtweisheit" der ganzen Menschheit zu verfassen. Sein schwedischer Auftraggeber will aber Sprachlehrbücher. Comenius gerät in Konflikt Auftragsarbeiten zu erledigen oder ihm für den Frieden der Menschheit dringliche Ausarbeitungen zu schreiben. Jahrelang warten die Schweden ungeduldig auf die Ausarbeitungen von Comenius, die er aber nicht liefert. Schließlich reformiert Schweden enttäuscht sein Schulwesen nicht nach Comenius, sondern nach älteren Plänen der Universität Uppsala.

9/1643 Geburt einer Tochter

1644/1645 In ***Orla*** (Litauen, 1644) und ***Thorn*** (Polen, 1645) moderiert Comenius den Versuch einer Aussöhnung zwischen böhmischen Brüdern sowie polnischen und litauischen Kalvinisten. Er scheitert, nicht zuletzt da Schweden (Aussöhnung hätte Polen gestärkt) und

Frankreich (Aussöhnung hätte protestantische Fürsten vereinigt und damit Deutschland erstarken lassen) dagegen sind. Es bleibt bei enormen innerprotestantischen Spannungen.

8/1646 Geburt eines Sohnes

8-10/1646 Schwedenreise. Abkühlung des Verhältnisses von Comenius zu Schweden, denn 1.) liefert Comenius zu wenig Sprachenbücher und Pädagogikschriften für die Reform des schwedischen Schulwesens ab und 2.) wird Schweden zunehmend kalvinismusfeindlich. Während Schweden zu Beginn der Kooperation noch die gemeinsame hussitische Basis mit Comenius betonte (= demokratiefreundlich, freigeistig), wird Comenius jetzt seine kalvinistische Gesinnung vorgehalten. 3.) zeigt Schweden jetzt militärische Schwächen gegen Habsburg, macht deshalb Zugeständnisse an die Habsburger und unterstützt das Köngreich Böhmen und die Exilanten der Brüderunität in Ungarn (Sárospatak) und Polen (Lissa) nicht mehr wie gewohnt. 4.) werden Comenius jetzt seine Bemühungen um die Aussöhnung der Protestanten in Thorn vorgeworfen.

Noch einmal: Krieg pur in der Heimat (1648-1656)

Ab 7/1648 erstarken die Schweden noch einmal, erobern Richtung Osten Litauen, Prag, Tabor. Es gibt Hoffnung, dass die Heimat von Comenius, das Königreich Böhmen, das seit der Niederlage vom Weißen Berg im Jahr 1620 habsburgisch ist, wieder

	protestantisch wird. Im Westfälischen Frieden von Osnabrück / Münster müssen die Habsburger 1648 zugestehen, dass 1.) das Reich sich in einen Verband von Staaten zergliedert und der Kaiser keine Macht über das ganze Reich hat sowie 2.) die protestantischen Konfessionen (lutherisch, kalvinistisch, ...) im ganzen Reich mit der katholischen Konfession gleichberechtigt sind. ABER: da im Friedensvertrag der Zustand von 1624 und nicht der von vor dem Krieg, also 1618, wieder hergestellt wird, bleibt Böhmen katholisch! Die böhmischen Brüder können damit auch nach dem Ende des Krieges nicht in ihre Heimat zurück und verbleiben im Exil in Lissa bzw. Ungarn.
8/1648-1656	Rückkehr nach ***Lissa***
1648	Tod der zweiten Ehefrau. Comenius wird leitender Bischof der böhmischen Brüderunität im Exil. Nach Jahren ist er wieder als Prediger und Seelsorger tätig.
5/1649	Dritte Ehe mit Johanna Gajus, Tochter eines Mitarbeiters von Comenius.
3/1650-6/1654	Aufenthalt in ***Sárospatak*** (Ungarn; ab Frühjahr 1651 mit der ganzen Familie) bei den böhmisch-mährischen Exilanten der Brüderunität, angestellt vom für Ungarn zuständigen Fürstenhaus von Siebenbürgen. Comenius reformiert im Lande das Schulwesen und gründet eine „pansophische Akademie", das heißt eine Hochschule, die nach dem Prinzip ausbildet, dass alles Wissen miteinander verbunden ist und es kein Spezialwissen gibt und diese „Allweisheit" der allgemeinen Verbesserung der Menschheit und dem Weltfrieden nützt.

Hoffnung auf ein neues Bündnis gegen Habsburg, jetzt gebildet aus Türken, Tataren, Kosaken, Ungarn und (der über Adelsheirat an Ungarn angebundenen) Pfalz. Idee der Gründung eines Weltkonzils der Gelehrten, um Zwietracht unter den Regierungen sowie in Kirche und Schule zu überwinden. Ausarbeitung einer Pädagogik der Sinne („Im Verstand liegt nichts, es sei denn, es wäre zuvor in den Sinnen.").

6/1654-
4/1656 Wieder in ***Lissa.*** Im Angesicht der Brutalität des Krieges zwischen Schweden und Russland u. a. um das Königreich Böhmen entwickelt Comenius seine politischen Vorstellungen einer sozialen Demokratie, einer Gesellschaft, deren Wohl auf der Wohlfahrt der Bevölkerung ruht. Selbst im Kriegsglück sollte der freie Geist der Besiegten respektiert und Grundlage der Zukunftsgestaltungen sein. Bis 1655 unter schwedischem Schutz, erobern im April 1656 polnische Truppen Lissa vernichtend. Comenius verliert alles; seine Gemeinde wird zerschlagen. Auf der Flucht durch Schlesien erreicht ihn die Einladung aus Schweden, nach Amsterdam zu kommen.

Der Herbst des Lebens (1656-1700)

1656-1670 Comenius arbeitet in ***Amsterdam*** vor allem an seiner „Besserung der menschlichen Dinge [= etwa Fähigkeiten]". Dazu bedarf es sieben Schritte: 1.) einer Erweckung des Menschen aus der Teilnahmslosigkeit durch Verbesserung von Verstand, Willen und Handlungsfähigkeit; 2.) einer Erleuchtung des Menschen durch die Betrachtung der Natur, geschärfte Sinne und seine heiligen Schriften; 3.) eines Gesamtwissens, genauer gesagt: einer „Allweisheit", wobei alles Wissen untereinander und mit der Menschlichkeit verbunden ist; 4.) einer Pflege der menschlichen Bildung auf verschiedenen Entwicklungsstufen, wobei nur diese Abstufung den Menschen klassifizieren darf und nicht Stand, religiöses Bekenntnis, „Rasse", Sprache, Geschlecht oder Reichtum; 5.) einer Gesamtsprache, die zu den Stammes- und Nationalsprachen hinzutritt und eine gemeinsame Kultur der Menschheit vorbereitet; sowie 6.) einer Gesamtbesserung hin zu paradiesischem Frieden, dem drei Weltparlamente zuarbeiten: ein Weltparlament der Gelehrten, ein internationaler Gerichtshof und ein Weltkonzil der Religionen, jeweils besetzt mit erleuchteten Menschen aus allen Stämmen bzw. Völkern, Nationen und Religionen der Welt. Auf dieser Grundlage wird sich die eine Wahrheit, die eine Gerechtigkeit und der eine Friede für alle (aus sich) „selbst entfalten".

6/1667 Comenius vermittelt in ***Breda*** (Vereinigte Niederlande) im Krieg zwischen England und den Niederlanden - zwei protestantische Länder! -, einem Krieg um die Erlangung und Mehrung von Reichtum aus Kolonien und kritisiert den Kolonialismus als „Raub". Es ist vor allem ein Krieg auf dem Meer. Wenn Comenius hier die nautische Kunst anerkennt, aber ihren Missbrauch zur Kriegsführung kritisiert, wird deutlich, dass Comenius nicht die menschliche Erkenntnis einschränken, sondern mit der Ethik verbinden will.

15.11.1670 Comenius stirbt im Alter von 78 Jahren in Amsterdam und wird in ***Naarden*** (Vereinigte Niederlande) begraben.

Anhang 2: Verstehensaufgaben mit Lösungen

Kapitel 1: Die Geburt eines neuen Zeitalters

1.1 Nenne die beiden miteinander rivalisierenden Bekenntnisse am Ende des Mittelalters und dem Beginn der Neuzeit sowie ihre jeweiligen Anhänger (Länder, Personen).
Einerseits die altgläubige (bis 1555) bzw. katholische (ab 1555) Kirche mit dem Kaiser aus dem Hause Habsburg sowie Spanien, Spanisch Niederlande, Österreich, Böhmen, Ungarn; andererseits die vorreformatorische Bewegung (bis 1517) bzw. Protestantismus (ab 1517) mit vielen deutschen Fürsten, England, Vereinigte Niederlande, Schweden, Frankreich.

1.2 Welche Neuerungen wollten die Protestanten a) in der Kirche und b) hinsichtlich der Menschen?
a) Abschaffung der verweltlichten Kirche mit Prunk und autoritärer Vorgabe von Meinungen und Glauben. Stattdessen eine seelsorgerliche, demokratische Kirche, in der jeder Gläubige seinen Glauben selbst verantwortet und mitbestimmen kann.
b) Befreiung des Menschen von Bevormundung und Lebensangst. Stattdessen Mündigkeit, Meinungs- und Gewissensfreiheit.

1.3 Worum wurde politisch gestritten?
Kaiser und altgläubige (bis 1555) bzw. katholische (ab 1555) Kirche wollten ein deutsches Reich als einheitlichen, zu-

sammenhängenden Machtbereich mit katholischem Bekenntnis; viele deutsche Fürsten, protestantische Länder und die protestantischen Kirchen wollten Unabhängigkeit von Kaiser und Papstkirche sowie die Gleichberechtigung der Bekenntnisse.

1.4 Was an den Vorgängen war im Sinne von Comenius?
Comenius stand auf der Seite des Protestantismus; besonders stimmte er den Bemühungen des Jan Hus und Martin Luthers zu, den Menschen nicht autoritär zu lenken, sondern ihm eigene Mündigkeit zuzusprechen; dem Kalvinismus stand Comenius wegen seiner Überzeugung nahe, der Mensch könne eine göttliche Vorherbestimmung seines Lebensweges an seinem Wohlergehen ablesen.

Kapitel 2: Die Erneuerung von Erziehung und Unterricht

2.1 Erstelle eine zweispaltige Tabelle und stelle die Gegensätze in Erziehung und Unterricht zwischen dem damaligen Katholizismus und Comenius paarweise nebeneinander.

damaliger Katholizismus	Comenius
überliefertes Wissen unhinterfragt weitergeben	Wissen kritisch hinterfragen, verstehen und eine eigene Meinung bilden
Trennung von Lernstoff und Lebenswelt	Verbindung von Lernen und Leben
Sprachunterricht als reine Wörterkunde und Grammatiklehre	Lernen von Wörtern und Sätzen wird mit interessanten Dingen und Inhalten verbunden

Autoritäre Vorgabe von Glauben und die Art zu leben	Es herrscht Meinungs- und Gewissensfreihet; jeder soll seinen eigenen Lebensstil finden
Autoritäre Distanz zwischen Eltern und Kind bzw. Lehrer und Schüler	Das Kind ist ein zwar unreifes, aber auf Vollkommenheit hin angelegter, vollwertiger Mensch
Beurteilung des Kindes bzw. Schülers nach seinem gesellschaftlichen Stand	Beurteilung des Kindes nach seiner geistigen Reife
Schule ist Mühe und macht Angst	Schule ist Freude
Schüler sind faul und müssen angetrieben werden	Kinder wollen von sich aus lernen. Druck von außen ist nicht nötig und schädlich

2.2 In welche Stufen ordnet Comenius alle Sachverhalte auf Erden und wie hängen diese Stufen zusammen?

Auf höchster Stufe befinden sich (1.) die vollkommenen, göttlichen Ideen. Daraus leiten sich alle Erscheinungen auf Erden ab und haben – mit abnehmender Dichte – Anteil daran. So (2.) das Überirdisch-Ewige, z. B. die göttliche Vorsehung für den Lebensweg eines Menschen. Dann (3.) das Kulturelle, Geistige, Moralische, z. B. die menschliche Seele, dann (4.) alles Organische, z. B. Lebewesen und schließlich (5.) alles Anorganische, z. B. alle Dinge.

2.3 Weshalb funktionierte die Zusammenarbeit zwischen Comenius und Schweden nicht. Benenne das grundsätzliche Problem und nenne einige Beispiele.

Es gab Interessenkonflikte zwischen beiden Seiten. Die Schweden wollten von Comenius die Reform des Schulwesens und für Handel sowie Produktion tüchtige Menschen. Comenius wollte die „Allweisheit“ fördern und zur Friedensfähigkeit erziehen.

Kapitel 3: Wahrheit, Gerechtigkeit, Frieden

3.1 Comenius hat es schrittweise immer umfassender gesehen, was für die Menschheit für anhaltenden Frieden notwendig ist. Beschreibe diese sieben Schritte.

(1.) Erweckung aus Teilnahmslosigkeit; (2.) Erkenntnisse aus der Natur, mithilfe der Sinne und den heiligen Schriften; (3.) einen geordneten Überblick über das Gesamtwissen; (4.) Bildung pflegen; (5.) eine Weltsprache lernen; (6.) Wahrhaftigkeit, Gerechtigkeit und Friedfertigkeit erlernen; (7.) kritisch und stolz auf alles zurück blicken.

3.2 Inwiefern braucht es zum Frieden mehr als das gesamte Wissen? Wer sah dies kritisch und mit welchen Argumenten?

Außer Wissen braucht es eine gereifte Persönlichkeit; wer nur Wissen hat, handelt noch lange nicht gut. René Descartes kritisierte diesen Standpunkt, denn Wissen ist sicher, alles andere, wie Charaktereigenschaften, Hoffnungen sind aber Meinungssache. Wenn beides vermischt wird, weiß man zum Schluss nicht mehr, was sicher und unsicher ist.

Viele Jahre opferte ich dem Verlangen, die Schulen und die Jugend aus ihren schweren Labyrinthen zu befreien ... Und auch wenn diese Anregungen noch nicht angenommen wurden und die Schulen in ihren Labyrinthen nicht zu irren aufhörten, bin ich dennoch fest davon überzeugt, dass alles einmal in meinem Sinn zu Nutzen gereichen wird ...

Johann Amos Comenius

Ich danke Gott, der es wollte, dass ich mein ganzes Leben lang ein Mann der Sehnsucht blieb und der mich auf den Umwegen unserer Labyrinthe letzten Endes zu sich führte.

Johann Amos Comenius

Bleib auch Du Dein ganzes Leben lang ein
Mensch der Sehnsucht.

Dieter Fauth, Autor